前端规划

物流系统群智能优化方法

李 煜 · 著

中国经济出版社
CHINA ECONOMIC PUBLISHING HOUSE
· 北 京 ·

图书在版编目（CIP）数据

前端规划：物流系统群智能优化方法/李煜著. --
北京：中国经济出版社，2020.11
ISBN 978-7-5136-6298-7

Ⅰ.①前… Ⅱ.①李… Ⅲ.①电子商务-物流管理-
系统优化-研究 Ⅳ.①F713.365.1

中国版本图书馆 CIP 数据核字（2020）第 169232 号

组稿编辑　崔姜薇
责任编辑　夏军城
责任印制　马小宾
封面设计　任燕飞

出版发行　中国经济出版社
印 刷 者　北京建宏印刷有限公司
经 销 者　各地新华书店
开　　本　710mm×1000mm　1/16
印　　张　13.25
字　　数　196 千字
版　　次　2020 年 11 月第 1 版
印　　次　2020 年 11 月第 1 次
定　　价　68.00 元
广告经营许可证　京西工商广字第 8179 号

中国经济出版社　**网址** www.economyph.com　**社址** 北京市东城区安定门外大街 58 号　**邮编** 100011
本版图书如存在印装质量问题，请与本社销售中心联系调换（联系电话：010-57512564）

目录
CONTENTS

第1章

绪 论

1.1 引言

“物流”概念最早形成于“二战”时期的美国，原意为“兵站”或“后勤”，即以最快的速度、最高的效率，安全无误地满足前线对武器、弹药以及吃、住、行等方面的需求，为军队作战提供物资保障。这需要一整套科学的后勤供给系统做支撑，包括军需品的订货、生产计划的制订、库存管理、配给、运输和通信等。“二战”后，为寻求高效运作，美国人将这种治理系统引入企业管理中，对企业的运输、仓储和库存进行综合管理。

随着经济和电子商务的发展，现代物流不仅要考虑货物配送问题，还要考虑原材料、半成品、产成品及相关信息从起点到终点有效流动的问题，系统化管理企业，全面综合地提高经济效益和物流效率，实现组织目标。现代物流建立在系统论、信息论和控制论的基础上，强调运用系统的方法进行组织和管理，将运输、仓储、包装、装卸、搬运、流通加工、配送、信息进行有机整合，形成完整的供应链，共享信息，实现系统效益总体最大化，提供多功能、一体化的具有竞争优势的综合性消费者服务。这与传统物流“后勤保障系统”“销售活动中起桥梁作用”相比，在深度和广度上有了进一步发展。

1.2 物流系统

1.2.1 物流系统的概念

最早对物流活动进行文献记载的国家是英国，而“物流”概念起源于美国，并于1963年传入日本，被翻译为“物的流通”，20世纪70年代后逐渐被“物流”一词取代。中文“物流”一词是经由日文对“Logistics”的翻译得来。各国对物流有着不同的定义。

《中华人民共和国国家标准物流术语》（修订版）（2006）这样定义“物流”：物流是物品从供应地到接收地的实体流动过程，根据实际需要，将运输、储存、装卸、搬运、包装、流通加工、配送、回收、信息处理等基本功能实施有机的结合。[1]

日本日通综合研究所出版的《物流手册》（1981）这样描述“物流”：物流是将货物由供应者向需求者的物理性移动，是创造时间价值和场所价值的经济活动，包括包装、搬运、保管、库存管理、运输、配送等活动领域。[2]

欧洲物流协会公布的《欧洲物流术语》（1994）把“物流”解释为：在一个系统内对人员和商品的运输、安排及与此相关的支持活动的计划、执行与控制，以达到特定的目的。[3]

美国关于“物流”的定义在国际上被普遍接受：物流是供应链流程的一部分，是为了满足消费者需要，对商品、服务及相关信息从原产地到消费地的高效率、高效益正向及反向流动与存储进行的计划、实施与控制的过程。[4]

总之，物流在各个经济发展阶段，适应不同的经济活动目的，是不断地进化、调整和完善的。从这些定义可以看出，物流需要与企业的采购、供应、生产、销售等活动相衔接，协同进行运输、配送、仓储、包装、装卸、搬运、流通加工、库存控制和信息处理等物流活动，达到系统化、集成化、网络化管理，提高物流系统效率和企业经营效益。

物流系统（logistic system）[5]是指由两个或两个以上的物流功能单元构成的以完成物流服务为目的的有机集合体。该系统由相互之间存在有机联系的各要素组成，受复杂外部环境的影响，构成复杂，追求系统的整体最优，而不是各环节的最优。

1.2.2 物流系统的优化

对大多数企业来说，物流系统优化是降低供应链运营总成本的最有效途径。但是，物流系统优化过程不仅要投入大量资源，还要付出巨大努力。

美国货运计划解决方案领先供应商 Velant 公司的总裁、首席执行官 Don Ratliff 博士集货运决策优化解决方案的 30 余年经验，在 2002 年美国物流管理协会（CLM）年会上提出“物流系统优化的 10 项基本原则”[6]，算法（algorithms）作为其中一个重要方面被提出。他认为通过物流决策和运营过程的优化，企业可以获得降低物流成本 10%~40%的商业机会。

不同物流优化技术之间最大的差别就在于算法的不同（借助于计算机的过程处理方法通常能够找到最佳物流方案）。关于物流问题的一个无可辩驳的事实是，每一种物流优化技术都具有某种特点。为了在合理的时间段内给出物流优化解决方案就必须借助于优化的算法来开发优化技术。因此，关键的问题是：①这些不同物流优化技术的特定的问题结构必须被每一个设计物流优化系统的分析人员认可和理解；②优化算法应该具有某种弹性，能够被“调整”到可以利用这些特定问题结构的状态。物流优化问题存在着大量的可能解决方案（如对于 40 票零担货运的发货来说，存在着 1 万亿种可能的装载组合）。如果不能充分利用特定的问题结构来计算，则意味着要么算法根据某些不可靠的近似计算给出一个方案，要么就是计算的时间极长（也许是无限长）。

因此，算法的研究对于物流的发展和优化意义重大，本书将从算法角度出发研究物流领域的选址问题和路径规划问题。

1.3 选址问题

配送是现代物流管理的一个关键环节，是物流活动正常运行必不可少的节点。配送过程中，一般需要物流配送中心提供仓储、分拣和信息处理服务，这一环节承担着货物的转运、储存、流通加工、商品展示等多项任务。作为物流系统的重要节点，配送在货物流通过程中起着承上启下的作用。通过对物流配送中心进行合理化选址，可以有效提高物流效率、降低物流成本。物流配送中心选址是指在具有需求条件的一个或多个地区，选择一个或多个地点为消费者提供服务的过程，其目的是使配送中心到消费者的配送成本最低或者距离最短。物流配送中心选址是一个复杂的系统工程，需要考虑很多因素，如时间、成本、距离、自然条件等。作为物流系统的重要设施，物流配送中心的建设成本高，成本回收周期长，一旦建成将很难迁移。因此，物流配送中心的选址是否合适，直接关系到物流配送的效率、顾客满意度和配送成本，同时会影响城市的交通状况和环境状况，以及整个社会物流系统的运行效率和经济效益。合理的物流配送中心选址，不仅能够提高物资的配送效率、提高消费者的满意度，还可以有效降低配送成本，增强企业的核心竞争力。本节将对物流配送中心选址的背景、意义、研究现状、概念、原则、决策程序和分类及常用模型进行详细介绍。

1.3.1 物流配送中心选址的背景及其意义

加入世界贸易组织（WTO）后，在全球经济一体化趋势下我国面临新的机遇和挑战。随着互联网和商业活动的融合，电子商务渐渐成为主流商业模式。而电子商务的发展需要物流的参与，现代物流作为连接生产者和消费者的桥梁，在商业活动中扮演着越来越重要的角色。虽然我国物流业起步比较晚，但是近些年发展十分迅猛，物流企业如雨后春笋般兴起，为经济的发展提供了强大的保障。2017 年，我国社会物流总额达到 252.8 万亿元，同比增长 6.7%，增速同比提高了 0.6 个百分点。然而，我国物流总费用占国内生产总值（GDP）的比重仍然较高。通常来说，一个国家的物流业发展水平和效率越高，物流成本越低，物流的总成本占GDP的比重越小。2017年，我国物流总成本约为13万亿元，约占GDP比重的14.6%。其中，运输配送成本约占物流总成本的一半以上，远远落后于发达国家的物流业发展水平。数据反映了我国物流行业，尤其是在运输、配送环节，存在严重的资源浪费和服务效率低下问题，不利于物流行业的持久健康发展。因此，要想降低物流成本，首先要降低物流的配送成本。

配送中心作为物流系统的重要节点，向上连接着生产商、向下连接着消费者，至关重要，关系到整个物流系统的效益和效率，对提高物流配送效率、降低物流配送成本以及提高物流配送服务质量具有重要意义。具体表现在以下两个方面：

（1）通过30多年的努力，我国物流业有了长足的进步。配送是物流的重中之重，合理的物流配送中心选址，可在降本增效的同时推进物流系统的发展，进而推动我国国民经济的良好有序发展。

（2）合理的物流配送中心选址规划能够优化配送中心到消费者之间的路线，缩短配送距离，减少配送时间，提高配送效率，进而提高消费者满意度。同时，合理的配送中心选址在缩短配送距离的同时，能够减少配送车辆的能源消耗，有利于降低资源的浪费和环境污染，对于经济的持续健康发展具有重要意义。

1.3.2 物流配送中心选址的研究现状

为了降低物流总成本、提高物流配送效率和物流服务质量，必须进行合理、有效的物流配送中心选址规划。现代选址问题由Alfred Weber于1909年提出，目的是寻找仓库位置到消费者最短的运输距离。随后Hotelling提出了运输距离对企业产品竞争力的影响，认为城市中合理的位置选址能够提高企业的竞争力。[7]之后，选址问题备受学者关注，相关的科研成果倍增，物流配送中心选址问题即起源于此。

结合对国内外有关物流配送中心选址的相关文献整理，这里介绍三种选址方法。[8]

（1）德尔菲专家咨询法选址，指相关领域的专家根据自身经验将定性分析和定量计算相结合进行选址的一种方法。虽然德尔菲专家咨询法将几乎所有影响选址的因素都考虑进去了，但是在选址过程中，由于每个专家的工作经验、知识储备、个人偏好等不同，导致结论并不具有客观性。因此，当选址问题复杂时，由于专家的知识储备和精力的有限性，此时做出的判断没有足够的说服力。

（2）连续模型选址方法，指选择平面上的任何点作为物流配送中心的备选点，最具代表性的是重心法。该方法的优点是没有固定的目标，选择面比较大，非常适合单物流配送中心的选址问题。该方法的缺点是，由于在选择物流配送中心备选点时没有考虑现实中的实际问题，所以，从模型中选出来的最佳物流配送中心位置可能处于河流、湖泊或者铁轨上而无法建立最佳物流配送中心。

（3）离散模型选址方法，指物流配送中心的备选点在已知的几个地方，按照一定的条件（如成本最低、距离最短等）选择最佳配送点。代表方法有：鲍摩—沃尔夫（Baumol-Wolfe）法、反町氏法、整数或混合整数规划法、逐次逼近模型法等。[9]针对不同情景下的物流配送中心选址问题，不同的离散模型选址的研究也取得了一定的成果。例如在研究物流系统的基础上，提出了物流配送中心选址的混合整数规划模型。[10]结合军民融合的发展战略，建立以网络总里程为最小目标的无人机物流配送中心选址模型[11]，并通过算例证明了此模型的有效性和实用性。针对船用钢材送货不及时[12]，提出具有惩罚成本的多物流配送中心选址模型，通过算例分析，发现改进后的模型计算得出的选址结果更合理。针对低碳物流配送中心选址[13]，提出碳排放总成本最低为目标的选址模型，并通过算例证明了模型的可行性。由于物流配送中心的选址出现不可抗因素需要停用或更换，出现了一种基于 DEA 评估模型的物流配送中心再选址模型[14]，并通过算例证明了该模型的有效性。针对西安某实际案例存在的问题，构建四层逆向物流网络模型，验证了该模型在当前正常需求和未来需求增长情况下的有效性。[15]还有一些学者关注到配送环节与公共交通存在交叉的实际情况：在考虑物流需求的前提下[16]，建立了从备选地铁配送枢纽确定最终地铁配送枢纽的选址模型，并以上海地铁系统为例，为地铁配送枢纽的选址提供了战略规划；利用物流服务消费者的供需数据[17]，提出了一种绿色城市闭环物流配送网络模型，通过实例研究，结果表明，在最短的配送路径下，成本与碳排放呈负相关，验证了所提出的绿色物流配送模型的可行性和实用性；针对城市危险物资运输存在的风险和交通约束，构建了在城际道路交通约束下的危险物资物流最优路径的多目标选址模型[18]，并运用单遗传算法和自适应遗传算法求解该模型，通过实例证明了该模型及其求解方法的有效性。

1.3.3 物流配送中心的概念与原则

物流配送中心是具有整合物流配送环节信息能力的、处于物流配送区域内重要位置的、能够从事配送业务且具有完善信息网络的场所或组织，而且符合以下要求：为指定的消费者服务；配送功能完整；辐射范围小；短周期、多品种、小批量、多批次；主要为终端消费者提供配送服务。

由于建设物流配送中心的投资建设成本巨大，而且配送中心一旦建成几乎无法改变位置，所以在建设物流配送中心时应考虑以下几个原则：

（1）动态性原则。物流配送中心选址时，绝不能将各种限制条件和影响因素绝对化，因为有些因素是不断变化的，如用户的规模、国家政策等。

（2）竞争原则。配送活动是距离消费者最近的服务性活动，因此，消费者的选择必然引起配送活动的竞争。

（3）低运输费用原则。物流配送中心建设的目的是把货物运输到消费者手中，而运输必然会产生运输费用。由于运输费用与运输距离、运量有关，因此，合理的配送路线能够降低运输费用。

（4）交通原则。物流配送中心的活动一部分在物流配送中心内，依赖于物流配送中心内部的布局和工艺；而另一部分则依赖于辐射区域内的交通条件。

（5）统筹原则。建立物流配送中心是一个系统工程，需要考虑方方面面。

1.3.4 物流配送中心选址的决策程序

以下是物流配送中心选址的七个步骤，具体见图 1-1。

（1）约束条件分析。分析建设物流配送中心的最终目的和必要条件，以便缩小选址范围。

（2）收集整理资料。通过对历史资料的收集整理，以便后续备选点选择及定量化模型设计使用。

（3）地址筛选。首先分析收集的资料、影响选址的因素；再进行需求预测；最后初步确定备选点。

（4）定量分析。主要考虑经济性因素，根据不同的情况，建立适合的模型，并对模型计算，得出结果。

（5）结果评价。根据劳动力价格、服务等因素，评价计算结果，确定是否有实际意义。

（6）复查。对结果有影响的因素，赋予它们一定的权重，利用加权法对结果进行分析。如复查通过，则为最终结果；如不通过，则继续运行，直到通过为止。

（7）确定选址结果。通过复查，计算的结果虽然不一定是最优解，却是满足条件的满意解。

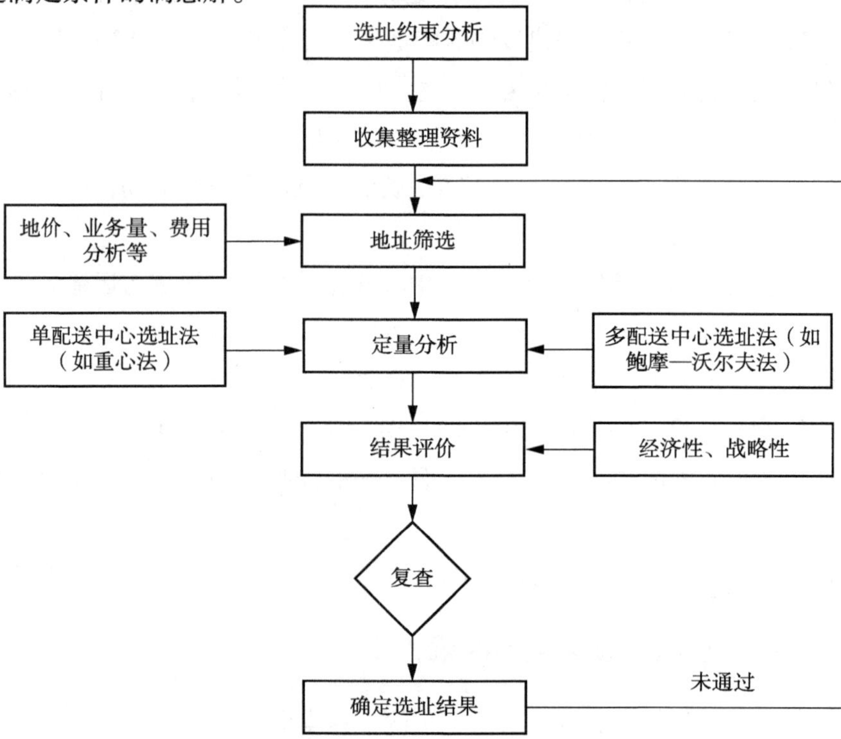

图 1-1　物流配送中心选址流程

1.3.5 物流配送中心选址的分类

物流配送中心在选址时，需要建立选址模型，并对选址模型进行分析、求解。

（1）按设施对象划分，不同的物流配送中心功能不相同，选址时所考虑的因素也不同，通常某个因素会占据重要地位。

（2）按物流配送中心多少划分，分为单配送和多配送中心选址问题。

（3）按离散程度划分，分为连续型和离散型选址。连续型物流配送中心选址模型是指对于一个连续的区域内任何点都可能是备选点，要求从空间内无限的备选点中选择一个最优点。离散型选址模型是指目标空间是一个离散的备选位置点集合，备选点的数量是有限的。

（4）根据选址所追求的要求、目标不同，模型的目标可分为以下几类：可行点和最优点问题、中值问题、中心问题、反中心问题、单纯选址问题和选址分配问题。

（5）按能力约束划分，可以分为有能力约束问题和无能力约束问题。

随着应用数学和计算机的发展，选址的决策方法慢慢从定性分析变为定量分析，通过建立选址模型，对模型进行求解进而找到最佳选址方案。

目前常用的物流配送中心选址是单配送和多配送中心选址。对于不同的物流配送中心选址问题，需要建立合适的选址模型。下面是单配送和多配送中心选址问题中常用的一些模型。

1.3.5.1 单配送中心选址的常用模型

（1）精确重心法

重心模型是选址问题中一种经典的模型，经常用于连续空间内单点选址问题。利用重心法进行选址时，有三个前提：一是配送中心到需求点的运输费用只与运输的直线距离有关；二是各个需求点的需求量必须是已知的；三是选择配送中心时不考虑所处位置的地价。

重心法选址运输费用计算方法如下：设配送中心 M_0 的位置为（x_0，y_0），需求点 N 的坐标分布在不同的坐标点（x_i，y_i）处。总的运输成本 S 可表示为

$$\min S = \sum_{l}^{n} w_i l_i d_i \tag{1-1}$$

式中：w_i 为配送中心到需求点 i 每单位重量、单位距离所需运输费用；

l_i 为配送中心到需求点 i 的运输量；

d_i 为配送中心到需求点 i 的直线距离，其计算公式为

$$d_i = \sqrt{(x_i - x_0)^2 + (y_i - y_0)^2} \tag{1-2}$$

（2）交叉中值模型（cross median）

设有 N 个需求点分布在空间内，其坐标分别为（x_i，y_i），各需求点的需求量为 $l_i(i=1, 2, \cdots, n)$，目标函数为配送中心到各需求点的距离乘以需求量。假定设置一个配送中心为这些需求点服务，假设配送中心 M_0 的位置为（x_0，y_0），求解 M_0 的位置并使总运输费用最小。通过交叉中值方法可以对单配送中心问题在一个平面上加权的距离最小化，其目标函数为

$$\min S = \sum_{i=1}^{n} l_i(|x_i - x_0| + |y_i - y_0|) \tag{1-3}$$

1.3.5.2 多配送中心选址的常用模型

（1）P-中值模型

P-中值模型是指在一定的需求点集合下，为 p 个设施找到合理的位置，使设施点到需求点运输费用最低。其目标函数如下：

$$\min \sum_{i \in N} \sum_{j \in M} d_i c_{ij} y_{ij} \tag{1-4}$$

$$\text{s.t.} \begin{cases} \sum_{j \in M} y_{ij} = 1, & i \in N \\ \sum_{j \in M} x_j = p \\ y_{ij} \leqslant x_j, & i \in N, \ j \in M \\ x_j, \ y_{ij} \in \{0, 1\}, & i \in N, \ j \in M \end{cases} \tag{1-5}$$

式中：d_i 为第 i 个需求点的需求量；

c_{ij} 为从需求点 i 到设施点 j 的单位运输费用；

y_{ij} 为需求点 i 是否由设施点 j 来提供服务；

p 为允许建设的设施点数量；

x_j 为设施 j 是否被选中成为设施点，被选中则为 1，未被选中则为 0；

N 为 n 个需求点集合；

M 为 m 个建设设施备选点集合。

（2）鲍摩—沃尔夫模型

鲍摩—沃尔夫模型为多节点单品种选址模型，即只考虑一种产品。假定 O 为多节点选址方案的总费用，其目标函数如下：

$$\min O = \sum_{i=1}^{m}\sum_{j=1}^{s} c_{ij}x_{ij} + \sum_{j=1}^{s}\sum_{k=1}^{n} d_{jk}y_{jk} + \sum_{i=1}^{m}\sum_{k=1}^{s} e_{ik}\, z_{ik} + \sum_{j=1}^{s}\left(v_j u_j + w_j \sum_{i=1}^{m} x_{ij}\right) \tag{1-6}$$

$$\text{s. t.} \begin{cases} \sum_{j=1}^{s} x_{ij} + \sum_{k=1}^{n} z_{ik} \leqslant S_i \quad i = 1, 2, \cdots, m \\ \sum_{j=1}^{s} y_{jk} + \sum_{i=1}^{m} z_{ik} \geqslant D_k \quad k = 1, 2, \cdots, n \\ \sum_{j=1}^{m} x_{ij} - M\,U_j \leqslant 0 \quad j = 1, 2, \cdots, s \\ \sum_{i=1}^{m} x_{ij} = \sum_{k=1}^{n} y_{jk} \quad j = 1, 2, \cdots, s \\ U_j = 0 \text{ 或 } 1 \quad j = 1, 2, \cdots, s \\ x_{ij},\ y_{jk},\ z_{ik} \geqslant 0 \quad i = 1, 2, \cdots, m;\ k = 1, 2, \cdots, n;\ j = 1, 2, \cdots, s \end{cases} \tag{1-7}$$

式中：c_{ij} 为备选点 j 从工厂 i 进货的单位配送费用；

x_{ij} 为工厂 i 到备选点 j 的货物量；

d_{jk} 为备选点 j 向消费者 k 供货的单位配送费用；

y_{jk} 为备选点 j 到消费者 k 的货物量；

e_{ik} 为消费者 k 从工厂 i 直接进货的单位配送费用；

z_{ik} 为消费者 k 从工厂 i 直接进货的数量；

v_j 为备选点 j 被选中之后的投资费用，如固定费用；

u_j 为备选点 j 是否被选中决策变量；

w_j 为备选点 j 每单位货物通过量的变动费用，即存储费用率；

S_i 为工厂的产品供应量；

D_k 为消费者 k 的产品需求量。

（3）奎汉—哈姆勃兹（Kuehn-Hamburge）模型

奎汉—哈姆勃兹模型是多节点多品种选址模型，与鲍摩－沃尔夫多节点单品种选址模型相比考虑的因素更多，模型更复杂。假定 S 为多节点多品种选址方案的总费用，其目标函数如下：

$$\min S = \sum_{hijk}(c_{hij} + d_{hjk})x_{hijk} + \sum_{j} F_j Z_j + \sum_{hj} S_{hj}\left(\sum_{ik} x_{hijk}\right) + \sum_{hk} D_{hk} T_{hk} \tag{1-8}$$

$$\text{s. t.}\begin{cases}\sum_{ij} x_{hijk} \leqslant Q_{hk}V_{jk} \\ \sum_{jk} x_{hijk} \leqslant Y_{hi} \\ \sum_{hik} x_{hijk} \leqslant W_j \\ \sum_{j} V_{jk} = 1 \\ V_{jk} \in \{0, 1\} \\ x_{hijk} \geqslant 0\end{cases} \tag{1-9}$$

式中：c_{hij}为生产商 i 到配送中心 j 运输产品 h 的单位运输费用；

d_{hjk}为配送中心 j 到消费者 k 运输产品 h 的单位运输费用；

x_{hijk}为生产商 i 经配送中心 j 向消费者 k 运输产品 h 的数量；

F_j为货物在配送中心 j 时的平均固定管理费用；

Z_j为 0 或 1 变量，当配送中心有吞吐量时为 1，否则为 0；

S_{hj}为配送中心 j 为保管产品 h 而产生的费用；

D_{hk}为由于缺货延误向消费者 k 配送产品 h 的量；

T_{hk}为由于缺货延误向消费者 k 配送产品 h 的单位损失费；

Q_{hk}为消费者 k 需要产品 h 的数量；

V_{jk}为配送中心 j 向消费者 k 供货时取 1，不能供货时取 0；

Y_{hi}为生产商 i 生产产品 h 的能力；

W_j为配送中心点j的吞吐能力。

（4）CFLP 模型

CFLP 模型是指带容量限制的多设施选址问题，是现在选址问题中最常用的基本模型。假设某企业有n个销售区域，且每个区域的需求量已知。企业计划新建若干个配送中心，经过企业专家的实地调研确定了m个备选点，且每个备选点都有容量限制和固定成本。如何从m个备选点中选择k个地点建设配送中心，使总成本最小，其目标函数如下：

$$\min S = \sum_{i=1}^{m} \sum_{j=i}^{n} C_{ij} X_{ij} + \sum_{i=1}^{m} F_i Y_i \tag{1-10}$$

$$\text{s.t.} \begin{cases} \sum_{j=1}^{m} X_{ij} = D_j \quad j = 1, 2, \cdots, n \\ \sum_{j=1}^{n} X_{ij} \leqslant W_i Y_i \quad i = 1, 2, \cdots, m \\ \sum_{i=1}^{m} Y_i \leqslant k \quad Y_i \in \{0, 1\}, X_{ij} \geqslant 0 \end{cases} \tag{1-11}$$

式中：i为配送中心备选点，$i=1, 2, \cdots, m$；

j为销售区域，$j=1, 2, \cdots, n$；

k为计划新建配送中心的数量；

C_{ij}为从配送中心备选点i到需求点j的单位运输费用；

X_{ij}为从配送中心备选点i到销售点j的运输量；

F_i为配送中心备选点i的固定成本；

Y_i为配送中心备选点i是否被选中，被选中则为1，未被选中则为0；

D_j为需求点j的需求量；

W_i为配送中心的容量。

1.4 车辆路径问题

1.4.1 车辆路径问题的研究背景及意义

物流运输作为物流业的重要环节，连接着生产、消费、各企业、各部门、各城乡，使整个社会得以运转，而物流中的交通运输费用在物流总成本中占比大于50%。我国物流行业发展较晚，一些物流企业为消费者供应货物时，送货司机多数是根据自己的主观经验来选择物流运输路线，未制定合理的路径规划决策，导致物流运输效率降低，物流运输成本升高。如果消费者所在节点比较分散，运输路径网络十分复杂，再者一些消费者对配送的时效性要求较高，在路径规划问题中，仅仅依靠配送人员的经验，必然存在配送效率降低导致物流成本增加的问题。因此，合理地降低运输费用、优化运输系统、提高物流管理水平和效率，已经成为企业提高经济效益、加强国际竞争力的重要手段，对现代物流业的发展具有很强的现实意义。

运输路径的优化决策就是要找到运输网络中的最佳路线，尽可能地缩短运输距离或运输时间，以降低运输成本、提高服务质量。在此基础上，把涉及不同因素的问题抽象出来进行建模，形成车辆路径问题（vehicle routing problem，简记为 VRP）。由于车辆路径问题较为复杂，涉及组合优化、管理科学、计算机、运筹学等多学科知识，依据国内外相关文献，车辆路径问题已被证明为 NP-hard 问题。从标准的车辆路径问题延伸出来的各种类型问题也为 NP-hard 问题。通过对涉及不同因素的车辆路径问题进行建模，可以求解许多现实问题，甚至是考虑了各种因素的组合问题。有时，各种因素相加的重要性很可能已经超过运输成本。因此，在考虑不同因素的条件下，如何选择合理的运输路径，是如今研究的关键。

1.4.2 车辆路径问题的定义及分类

一般情况下，我们将车辆路径问题描述为：对于一系列收货点或发货点，形成合理的行车路径，使车辆有序地通过这些点，在满足一定约束条件（如车辆容量限制、货物需求量、发货或收货时间、距离限制等）的前提下，达到一定目标（如行驶路径最短、时间最短、成本最小、利润最高等）。

标准的车辆路径问题通常指有装载能力限制的车辆路径问题（capacitated VRP，简记为 CVRP），[19]即对每一部服务的车辆有一个最大装载能力的限制。它是最基本的车辆路径问题，其他的车辆路径问题的变形问题都是基于此展开的。

在实际应用中，根据影响因素和约束条件的不同，可以将车辆路径问题分为不同类型。随着车辆路径问题研究的深入，很多实际问题的解决不能单纯地归为某一类，更多的是结合了多种约束条件的组合问题。

（1）目标函数约束

根据所需优化目标的数量，将车辆路径问题分为单目标车辆路径问题和多目标车辆路径问题。[20]优化的目标通常包括：行驶路径最短、行驶时间最短、成本最低、利润最高、消费者满意度最优等。

（2）时间窗约束

在标准车辆路径问题的基础上，添加时间约束，要求车辆对服务点的服务只能在时间窗内完成，称为带时间窗的车辆路径问题（VRPTW）。[21-22]根据时间窗的性质，问题又可以分为两类。第一，硬时间窗车辆路径问题要求车辆对每个消费者的服务必须在指定的时间窗口内完成；若不能完成，则对应的解为非可行解。第二，软时间窗车辆路径问题允许车辆对每个消费者的服务不在指定的时间窗内完成，但若超出相应的时间窗口，则需要对解的目标函数给予一定的惩罚。

（3）服务点优先约束

将服务点分为不同等级，等级较好的服务点可以优先获得配送服务或收集服务。

（4）需求特征约束

根据消费者需求特征的不同，分为纯送货车辆路径问题、纯取货车辆路径问题和集取送货为一体的车辆路径问题。同时，如果消费者需求是随机分布的，则称为随机车辆问题[23]；如果消费者需求具有一定的统计规律，则称为模糊车辆路径问题。[24]

（5）需求来源约束

消费者需求的来源，可能是集中的也可能是分散的，依据消费者需求来源的不同，分为单一来源车辆路径问题和需求分割车辆路径问题。

（6）车辆路线特征约束

车辆路线特征标准主要描述车辆路线是闭合的哈密尔顿巡回，还是非闭合的哈密尔顿路径。[25]前者为封闭式车辆路径问题，后者为开放式车辆路径问题（OVRP）。

（7）车场点特征约束

依据问题中车场点是否唯一，分为单车场车辆路径问题[26]和多车场车辆路径问题。

（8）车辆特征约束

在实际应用中，服务车辆类型会有所不同。[27]在一个问题中只选用一种类型车辆称为单车型车辆路径问题，选用多种不同类型车辆称为多车型车辆路径问题。

（9）道路网络特征约束

以双向权重不相等的边是否存在于道路网络为基础，可将车辆路径问题分为对称车辆路径问题及非对称车辆路径问题。

（10）车辆载货能力约束

依据服务车辆是否必须满载服务的要求，可分为满载车辆路径问题和非满载车辆路径问题。

1.4.3 车辆路径问题的求解方法

求解车辆路径问题的算法可以分为精确算法和启发式算法两大类。

精确算法主要包括分支定界法（branch and bound approach）、动态规划法（dynamic programing approach）、割平面法（cutting planes approach）、网络流算法（network flow approach）等。这几类算法均已成功应用于车辆路径问题，但是精确算法的计算量随问题的复杂程度提高呈指数级增长。小规模车辆路径问题的求解可以运用精确算法实现，研究表明，对于超过50个消费者点的车辆路径问题，精确算法并不能求得问题的最优解。[28]因此，利用问题的特定信息在中等计算时间内获得车辆路径问题的近似解或满意解的启发式算法成为学者们研究的重点。

启发式算法又分为启发式算法或智能优化算法，常见的传统启发式算法如下。

（1）节约法（savings heuristic）将每条只含一个配送点的 n 条路线作为

初始解，其中，每条路线中第一个和最后一个配送点分别称为路线的起点和终点。考察一条路线的起点与另一条路线的终点相连合并成一条新的路线。

（2）最近邻算法（nearest neighbor heuristic）是一种序列构造路线法，算法从一条只含一个配送点的路线出发，在未分配点中筛选出可加入点，并从可加入点中选取一个点作为当前路线的终点，使路线的成本最少。

（3）插入式算法（insertion heuristic）的流程与最近邻算法相似，也是从初始路线出发，序列构造路线，并在不存在可行插入时新增一条初始路线。插入式算法的关键是选择最合适的未分配点，在路线中进行最佳位置的插入。

（4）扫除算法（sweep heuristic）是一种“先分组后路线”的算法，即分配给每辆车一组点。一种简单的分组方法是将以车站为原点的坐标平面划分为多个扇形区域，然后在每个区域内，采用扫除算法选择未分配点，再应用插入式算法扩充路线。

（5）两阶段法（two-phase algorithm）。

这些传统启发式算法依赖于初始解的生成，并不断调整初始解来求得问题最优解。对于小规模问题，操作简单，求解速度快，但容易陷入局部最优解，提前收敛，应对大规模问题时难以成功求解。

相比于传统启发式算法，智能优化算法的产生受自然现象的启发，充分发挥了搜索的随机性优点，易于实现，参数少且适应性强。例如模拟退火算法（simulated annealing algorithm，简记为 SA）是模拟物理退火过程，使接受较差解的概率随温度降低而逐渐变小，可以尽快跳出局部极值；[29] 遗传算法（genetic algorithm，简记为 GA）是模拟生物遗传机制，通过选择、交叉、变异过程实现种群进化；[30] 禁忌搜索算法（tabu search algorithm，简记为 TS）设计了一个“禁忌表”，将较差解放在禁忌表中，避免重复搜索，也是一种跳出局部极值的搜索策略；[31] 依据蚂蚁觅食过程开发的蚁群优化算法（ant colony algorithm，简记为 AC），模拟蚂蚁在寻找食物过程中释放信息素并留在路径上的过程来寻找最优路径；[32] 还有模拟鸟类生存机制的粒子群算法（particle swarm optimization，简记为 PSO）等。[33] 早在 1989 年 Willard[34] 就采用禁忌搜索算法求解车辆路径问题，取得了初步进展；1993 年 Osman[35]将模拟退火算法和禁忌搜索算法结合，通过使用更好的初始解，自适应调整算法参数，以搜索更大的求解空间，且融合复杂的降温算法求解车辆路径问题，取得了不小的进展，展示了算法良好的性能。随着车辆路径问题研究的深入，文献[36-38]显示在运用启发式算法求解车辆路径问题方面取得了较大进展。

参 考 文 献

［1］中华人民共和国国家质量监督检验检疫总局，中国国家标准化委员会．中华人民共和国国家标准物流术语（修订版）（GB/T 18354—2006）［M］．北京：中国标准出版社，2007.

［2］日通综合研究所．物流手册［M］．吴润涛，靳伟，王之泰，等译．北京：中国物资出版社，1986.

［3］牛鱼龙．欧洲物流经典案例［M］．重庆：重庆大学出版社，2007.

［4］徐天亮，刘志学．中美“物流”定义的分析与比较［J］．中国物流与采购，2002（9）：22-24.

［5］李永先，胡祥培，熊英．物流系统仿真研究综述［J］．系统仿真学报，2007（7）：1411-1416.

［6］王佐．物流系统优化的 10 项基本原则［J］．中国物流与采购，2003（20）：30-31.

［7］HOTELLING H. Stability in competition［J］. Economic Journal，1929，39（153）：41-57.

［8］蔡临宁．物流系统规划——建模及实例分析［M］．北京：机械工业出版社，2008：24-69.

［9］王非，徐渝，李毅学．离散设施选址问题研究综述［J］．运筹与管理，2006（5）：64-69.

［10］刘海燕，李宗平，叶怀珍．物流配送中心选址模型［J］．西南交通大学学报，2000（3）：311-314.

［11］陈刚，付江月．军民融合背景下无人机配送中心选址问题研究［J/OL］．计算机工程与应用．http：//kns. cnki. net/kcms/detail/11. 2127. TP. 20181025. 0955. 006. html.

［12］李晓萍，朱炳旭．考虑时间窗的船用钢材加工配送中心选址规划［J］．工业工程与管理，2018，23（5）：156-161.

［13］林殿盛，张智勇，王佳欣，等．需求不确定下的低碳物流配送中心

选址研究［J/OL］. 控制与决策 . https：//doi. org/10. 13195/j. kzyjc. 2018. 0646.

［14］张于贤，黄鑫 . 基于 DEA 的物流配送中心再选址研究［J］. 数学的实践与认识，2017，47（19）：197-202.

［15］XIAO Z D，SUN J N，SHU W J，et al. Location-allocation problem of reverse logistics for end-of-life vehicles based on the measurement of carbon emissions［J］. Computers & IndustrialEngineering，2019（127）：169-181.

［16］ZHAO L J，LI H Y，LI M C，et al. Location selection of intercity distribution hubs in the metro-integrated logistics system［J］. Tunnelling and Underground Space Technology，2018（80）：246-256.

［17］WANG J X，LIM M K，TSENG M L，et al. Promoting low carbon agenda in the urban logistics network distribution system［J］. Journal of Cleaner Production，2019（211）：146-160.

［18］HU H，LI X，ZHANG Y Y，et al. Multi-objective location-routing model for hazardous material logistics with traffic restriction constraint in intercity roads［J］. Computers & Industrial Engineering，2019（128）：861-876.

［19］符卓 . 开放式车辆路径问题及其应用研究［D］. 中南大学，2003.

［20］陈玉光，陈志祥 . 基于准时送货和最小耗油的配送车辆路径问题研究［J］. 中国管理科学，2015（S1）：156-164.

［21］范厚明，刘文琪，徐振林，等 . 混合粒子群算法求解带软时间窗的 VRPSPD 问题［J］. 计算机工程与应用，2018，54（19）：227-235.

［22］葛显龙，谭柏川，吴宁谦 . 基于碳交易机制的带时间窗车辆路径问题与算法研究［J］. 管理工程学报，2018，32（4）：146-153.

［23］石建力，张锦 . 行驶时间随机的分批配送车辆路径问题模型与算法［J］. 计算机应用，2018.

［24］李阳，范厚明，张晓楠，等 . 求解模糊需求车辆路径问题的两阶段变邻域禁忌搜索算法［J］. 系统工程理论与实践，2018.

［25］范厚明，杨翔，李荡，等 . 基于生鲜品多中心联合配送的半开放式车辆路径问题［J］. 计算机集成制造系统，2019，25（1）：260-270.

［26］颜瑞，张群，胡睿 . 考虑三维装箱约束的多车场车辆路径问题

[J]. 管理工程学报，2016，30（1）：108-116.

[27] 郭海湘，潘雯雯，周欣然，等. 基于单车场多车型车辆路径问题的混合求解算法 [J]. 系统管理学报，2017（5）.

[28] GOLDEN B L, WASIL E A, KELLY J P, et al. Metaheuristics in vehicle routing [M]. Fleet Management and Logistics. 1998: 33-56.

[29] CHIANG W, RUSSELL R. Simulated annealing metaheuristics for the vehicle routing problem with time windows [J]. Annals of Operations Research, 1996, 6 (3): 3-27.

[30] GOLDBERG, D. E, et al. Genetic algorithm is search optimization and machine learning [J]. 1989, xiii. 7: 2104-2116.

[31] GLOVER, FRED, M. LAGUNA. Tabu search [J]. General Information, 2006, 106 (2): 221-25.

[32] COLORNI A, DORIGO M, MANIEZZO V. Distributed optimization by ant colonies [C]. Proc. of the First European Conf. on Artificial Life, Paris, France: Elsevier Publishing, 1991: 134-142.

[33] EBERHART R, KENNEDY J. A new optimizer using particle swarm theory [C]. Proceedings of the Sixth International Symposium on Micromachine and Human Science. 1995: 39-43.

[34] WILLARD J A G. Vehicle routing using roptimal tabu search [D]. Master's thesis, The Management School, Imperial College, London, 1989.

[35] OSMAN I H. Metastrategy simulated annealing and tabu search algorithms for the vehicle routing problem [J]. Annals of operations research, 1993, 41 (4): 421-451.

[36] 李相勇. 车辆路径问题模型及算法研究 [D]. 上海交通大学，2007.

[37] 陈萍. 启发式算法及其在车辆路径问题中的应用 [D]. 北京交通大学，2009.

[38] 崔雪丽，马良. VRPSTW 的混合改进蚁群优化算法 [J]. 计算机应用研究，2010，27（3）：845-848，852.

第 2 章

群智能算法

传统优化算法为优化问题的求解提供了巨大帮助，但在计算过程中也暴露出了一些缺点。[1]这些缺点主要表现为以下四点：①传统优化算法通常都是从一个初始点出发，每次迭代仅仅对一个点进行计算，这种算法架构很难发挥现代计算机高速计算的性能，尤其是高性能的多处理器计算机和现代并行计算模式往往很难应用到传统优化算法中，限制了算法求解大规模问题的能力和速度。②传统优化算法一般都要求目标函数是连续可微的，有时甚至要求是高阶可微的，但是在实际问题中这样的条件往往很难满足，这样就限制了传统优化算法的应用范围。③传统优化算法在每一次迭代时都要求迭代向改进方向移动，即每一次都要求目标函数值有所降低。如此算法就不会具有“爬山”能力，若算法陷入某个局部低谷，则无法继续搜索该区域之外的任何其他区域。因此，算法就失去了全局搜索能力。④每种传统优化算法只能求解一部分问题，即算法只能求解符合其适用条件的问题。要应用某种传统优化算法就必须简化甚至改变原有的问题，使之能满足该方法的使用条件。如果问题不满足传统优化算法的适用条件，那么用传统优化算法就无法有效求解。[2,3]

考虑到传统优化算法的不足，人们希望能够设计出新的有效的优化方法。特别是 20 世纪 90 年代以来，实际问题的结构越来越复杂，规模越来越大，不可微、非线性、不确定性、多目标已经成为问题的基本特征，而建立在解析基础上的传统优化算法往往对这些问题的求解显得无能为力。因此，人们逐渐意识到，必须探索新的优化方法来解决这些问题。计算机科学与技术的飞速发展，从根本上改变了人们的工作和生活，并已经渗透到各个领域，如何充分发挥计算机技术的优势推动优化方法的发展，成为人们越来越关注的问题。

20世纪60年代以来，智能优化作为一个新兴交叉学科，从无到有，由弱到强。智能优化的出发点是模拟自然以实现对复杂问题的求解，目前已成为系统科学、计算机科学、人工智能中最活跃的研究领域之一，得到了世界范围内众多学者的广泛关注和深入研究。[4-6]越来越多的人致力于研究自然界中存在的计算模式，先后从不同的研究视角通过模拟不同的自然现象从而获得更好、更有效的算法。智能算法是研究复杂的、不确定的、变化的环境中智能行为的自适应机制，包括学习能力、对新情况的适应能力、抽象能力、泛化能力、发现能力与联想能力等。智能算法具有很强的多学科交叉特点，它是生物学、神经科学、认知科学、计算机科学、免疫学、哲学、社会学、数学、信息科学、非线性科学、工程学、音乐、物理学等众多学科相互交叉融合的结果，是人们对自然的智能认识和模拟的最新成果，它的深入发展将极大地改变人们认识自然、求解现实问题的能力和水平。在工程技术、社会经济以及科学计算领域中存在大量的复杂计算问题，这些问题表现出高度的非线性、不可导、不连续性，复杂度非常高，在很长一段时间内科学家很难解决复杂系统的相关计算问题，于是开始模拟自然界的许多现象，如生物的演变进化、生物群体行为、DNA、文化、量子行为等，从而出现了智能优化，以试图解决自然或人造系统中的各类复杂优化问题，并已取得了很大的进展。[5,7-8]

智能优化算法的发展得益于运筹学、生物学、物理学、计算数学、计算机科学、人工智能和控制论等许多学科，充分吸收了这些学科的思想、概念和方法。智能优化算法，大都具备自组织性、正反馈性、鲁棒性、并行性和实现简单等特征，为在没有集中控制且不提供全局信息的条件下寻找复杂问题的求解方案提供了思路，为优化问题的求解开辟了新的途径。[9-11]应用智能优化算法求解优化问题时，其搜索过程通常具有以下一些特征：①个体都具有能执行简单的在空间或时间上评估和计算的能力；②当环境（包括其他个体）发生变化时，个体能够对变化做出响应，特别是出现值得付出代价的改变机会时，个体必须能够改变其行为模式；③不同的个体对环境中的某一变化所表现出的响应行为应该具备多样性。[12-14]

和传统优化算法相比，智能优化算法具有强大的全局搜索能力、问题域的独立性、信息处理的隐并行性、应用的鲁棒性和操作的简明性，是一种具有良好普适性和规模化的优化方法。它具有以下优化特点：①非单点操作，采用群体搜索策略。智能优化算法大都采用由多个个体组成的群体对可行解空间进行搜索，搜索过程中能够实现对各个个体所提供的信息的共享。信息的传播可以避免对一些不必要区域的搜索，既能提高算法的搜索效率，又能在一定程度上避免陷入局部极值。②智能优化算法在求解优化问题时，目标函数和约束函数可以不是解析的，更不必是连续和可微的。智能优化算法可有效求解那些目标函数没有明确表达式或有表达式但不可精确估值的优化问题。此外，智能优化算法对计算中数据的不确定性有较强的适应能力。③智能优化算法是对自然现象和自然规律的模拟，这些现象和规律所蕴含的深刻的优化思想为算法的设计提供了坚实的科学基础。在智能优化算法中，个体行为虽然简单但通过个体之间的相互作用，整个群体涌现出智能行为，而这种行为可用于优化问题求解。④智能优化算法不依赖于优化问题本身的数学性质和所求问题本身的结构特征以及其他辅助信息，可以用于求解不同类型的优化问题，具有广泛的适用性。[5,6]

2.1 群智能思想起源

大自然经过亿万年演化，展现了其高效和神奇。复杂多样的生物界在长期物竞天择、优胜劣汰的进化过程中不断适应复杂环境的变化，得到了生存和发展。人们通过研究自然系统学到许多知识，并用这些知识来求解复杂问题。人们模仿生物的智能行为，借鉴其智能机理，发现了许多解决复杂问题的新方法。通过对自然智能的建模，我们成功地创建出许多智能系统，随着人们对大自然的进一步研究，又发现了很多有代表性的智能优化算法。每种智能算法都有对应的启发源，例如，DNA[15]计算是基于诺贝尔生理学或医学奖获得者 Watson 和 Crick 提出的双螺旋结构和诺贝尔化学奖获得者 Mullis 提出的聚合酶链式反应；人工蜂群算法[16]是基于诺贝尔生理学或医学奖获得者 Frisch 破译的蜜蜂跳舞行为；人工免疫算法[17]是基于诺贝尔生理学或医学奖获得者 K. Jerne 提出的免疫网络理论。智能优化算法奇妙的思路和广阔的应用领域吸引了大量研究人员不断探索，不断创新。没有一种方法可以解决所有优化问题，为此，我们必须研究新的优化算法。

2.2 群智能基本概念

群智能（swarm intelligence）优化算法是当前智能优化领域的研究热点，且已成为交叉学科的一个前沿性研究方向，其应用已经渗透各个领域。作为一种新兴的智能优化技术，群智能研究形成于20世纪90年代[18-20]，1999年，Bonabeau、Dorigo和Theraulaz在他们的著作*Swarm Intelligence：From Natural to Artificial Systems*中对群智能进行了详细论述和分析，并对群智能下了一个不严格定义：任何一种由昆虫群体或其他动物社会行为机制而激发设计出的算法或分布式解决问题的策略。在随后的研究中，Bonabeau又将群智能详细阐述为：无智能或简单智能的主体通过任何形式的聚集协同而表现出智能行为的特性。它是一组简单的集体智能的涌现，这里关心的不是个体之间的竞争，而是它们之间的协作。生物群体中的个体之间遵循聚集、分工、避碰、趋同等协作模式，从而涌现出群体智能。[2]

J. Kennedy和Russell C. Eberhart 2001年出版的专著*Swarm Intelligence*，可以认为是群智能发展的一个重要里程碑。该书通过观察鸟群的协同运动，开发了微粒群算法这一新的群智能方法。以此为基础提出人的智能源于社会交往，文化和认知是人类社交的结果。这一观点成为群智能发展的基石。群智能思路在没有集中控制且不提供全局模型的前提下，为寻找复杂的分布式问题的求解方案提供了基础。群智能的研究在系统复杂性和NP问题等方面为人工智能、认知科学等领域的基础理论问题研究开辟了新的研究途径，也为组合优化、知识发现等实际复杂工程问题提供了新的解决方法。对群智能的探索极大地丰富了智能优化算法领域的研究。[21]

1994年，Mark Millonas提出构建一个群体智能系统所应满足的五条基本原则。[22]

1. 接近性原则（proximity principle）：群内个体具有简单的时间或空间的评估和计算能力。

2. 优质性原则（quality principle）：群内个体能对环境包括群内其他个体的关键性因素的变化做出响应。

3. 多样性反应原则（principle of diverse response）：群内不同个体对环境中的某一变化的响应行为具有多样性。

4. 稳定性原则（stability principle）：群体的行为模式不会随环境的变化而整体改变。

5. 适应性原则（adaptability principle）：环境若出现群体值得付出代价的改变，群体能够改变其行为模式。

群智能方法广泛应用于人工智能、通信网络和工业生产等领域。已经有大量与群智能方法应用相关的文章发表于国内外各类学术刊物，大量的文献证明了群智能方法能够解决不同领域的许多问题。群智能方法可用于解决许多传统方法无法解决的 NP 难题，为许多前瞻性的研究提供了新的思路。[23]

群智能方法易于实现，算法中仅涉及基本的数学操作，数据处理过程对 CPU 和内存的要求也不高；而且，这种方法只需要目标函数的输出值，而无须其梯度信息。群智能理论和应用方法研究证明，群智能方法是一种能够有效解决大多数全局优化问题的新方法。更为重要的是，群智能潜在的并行性和分布式梯度为处理大量以数据库形式存在的数据提供了技术保证。无论是从理论研究还是应用研究角度分析，群智能理论及其应用研究都具有重要的学术价值和现实意义。

2.3 群智能算法模式综述

典型的群智能优化算法主要有微粒群优化算法[24-26]、蚁群优化算法[18-20,27-28]、人工蜂群算法[16,29]、细菌觅食算法[30]、萤火虫算法[31]等。这些算法虽然优化原理各不相同，但具有许多相同特征，对不同智能优化算法的理解对推进算法研究有着重要的启发作用。

2.3.1 微粒群优化算法

微粒群优化算法，或称为粒子群算法，是一种模拟鸟群社会行为规律而提出的群智能优化方法。微粒群优化算法最早由 Eberhart 和 Kennedy 在 1995 年共同提出[24-26]，其最初主要意图是模拟鸟群的优雅而不可预测的行为，以发现统御鸟群同步飞行的模式，以及在最优形式重组时突然改变方向的模式。Eberhart 和 Kennedy 在 1995 年的 IEEE International Conference on Neural Networks 和 The Sixth International Symposium on Micromachine and Human Science 上分别发表了 *Particle Swarm Optimization* 和 *A New Optimizer Using Particle Swarm Theory* 的论文，标志着微粒群优化算法的诞生。该算法简单有效，易于实现，适合科学研究和工程应用，受到越来越多的研究者的重视。

在微粒群优化算法中，粒子在超维空间中飞行。搜索空间内粒子位置的改变是基于个体模仿其他粒子成功的社会心理倾向，群内粒子的改变因此受其邻居的经验或知识影响，一个粒子的搜索行为因此受群中其他粒子的影响。社会行为的建模就是搜索过程中粒子随机地返回之前的搜索过程中发现的搜索空间中的成功区域。粒子群中的个体有一个基本行为：仿效邻域个体的成功和它们自己的成功。从这个基本行为显现出来的集体行为就是在一个高维搜索空间中发现最优区域。一个 PSO 算法维护一群粒子，其中每个粒子表示一个潜在的解。粒子在一个多维搜索空间中飞行，而每个粒子的位置根据它自身的经验及其邻居的经验来调整。驱动优化过程的是速度向量，速度向量反映了粒子的经验知识和粒子邻域的社会交换信息。粒子的经验知识通常被叫作“认知部分”，它与粒子离它从开始到搜索过的最佳位置的距离成正比。社会交换信息被叫作“速度方程的社会部分”。[32]

生物群体内个体之间的相互作用产生的群智能，往往能够给某些问题的求解提供有效的方法。鸟群在寻找食物的过程中，个体之间存在信息交流和共享，每个成员可以从其他成员的搜索经验中获益，并调整自身的搜索行为。当食物源分布状态不可预测时，这种个体之间的协作所产生的优势是巨大的。基于信息交流和共享的个体间协作正是微粒群算法进行优化搜索的基础。在微粒群优化算法中，将优化问题的搜索空间类比作鸟类的飞行空间，并将每只鸟抽象为一个没有质量的微粒，微粒的位置表示问题的候选解，所需要找到的最优解相当于要搜索的食物。微粒群优化算法还为每个微粒设置了类似于鸟类运动行为的简化规则，从而能够使整个微粒群的运动表现出和鸟类觅食类似的特征，进而可以用于解决优化问题。

基本微粒群优化算法的具体实现步骤如下：

步骤 1　随机初始化群体中各微粒的位置和速度。

步骤 2　评价群体中所有微粒的适应度值。

步骤 3　对每个微粒，将其当前适应度值和其历史最优位置所对应的适应度值进行比较。如果当前的适应度值更优，那么利用当前位置更新其历史最优位置。

步骤 4　对每个微粒，将其历史最优适应度值和群体内或其邻域内所经过的最优位置的适应度值进行比较。若更好，则将其作为当前群体内或其邻域内的最优位置。

步骤 5　更新每个微粒的速度和位置。

步骤 6　若没有达到终止条件，则返回步骤 2。

目前，微粒群优化算法已经被广泛用于函数优化、神经网络训练、组合优化、模糊系统控制等领域。[33-38] 比较有潜力的应用领域包括多目标优化、系统设计、模式识别、车间作业调度、机器人路径规划、时频分析和图像处理等。

2.3.2　蚁群优化算法

早在 1 亿年以前蚂蚁就已在地球上出现，蚂蚁群体所呈现的复杂行为给人类带来了启发，很多研究涌现出来，以便更好地理解这些行为。受这些研究与观察的启示，Marco Dorigo 首次提出蚂蚁觅食行为的算法模型。[18-20,27-28] 从那时起，针对蚂蚁算法的研究取得了长足发展，涌现出一批相关算法和应用。关于种类众多的蚁群的觅食行为，研究表明初始的觅食行为是一个随机的混沌模式；当发现食物后，行为路径逐渐变得有组织，越来越多的蚂蚁会经过相同的路径。当一只蚂蚁发现食物后，它将食物拖回巢穴并沿路留下信息素。觅食的蚂蚁通过不同路径上信息素的浓度来选择路径。当越来越多的蚂蚁选择同一特定路径时，该路径就因聚集越来越多的信息素而更具有吸引力，从而吸引更多的蚂蚁选择该路径。这种自动催化导致的协作行为形成一种正反馈机制，使最优觅食路径被越来越多的蚂蚁选择。[31-33]

Dorigo 1992 年在其博士论文中提出该算法。1996 年，Dorigo 等发表了 *Ant system：optimization by a colony of cooperating agents* 一文，奠定了蚁群优化算法的基础。其提出蚂蚁系统、蚁群系统、最大—最小蚂蚁系统、蚂蚁-Q、快速蚂蚁系统、蚂蚁禁忌表算法、蚂蚁排名系统、近似不确定性树搜索等蚁群优化元启发式算法。蚁群优化算法通过其内在的搜索机制，已经成功应用于许多组合优化问题的求解中。因为算法仿真中使用的是“人工蚂蚁”的概念，因此有时也被称为“人工蚂蚁系统”。

基本蚁群优化算法的实现步骤可简单描述为：

步骤 1　蚂蚁群体初始化，设置参数。

步骤 2　对蚁群进行评价。

步骤 3　利用状态转移规则生成新的蚁群。

步骤 4　修改信息素浓度，根据信息素更新方程。

步骤 5　如果不满足算法停止条件，返回步骤 2；否则，继续步骤 6。

步骤 6　输出当前的最优解。

蚁群算法在经典的旅行商问题和二次分配问题上取得成效以后，已逐步在其他优化问题中取得了成功，如车辆调度问题、图着色问题、工件排序问题、超大规模集成电路设计和通信网络中的负载平衡问题等。这种来自自然界的现代启发式优化算法已经在很多方面表现出很好的优化性能，其求解问题的领域在不断扩大。[6,39]

2.3.3　人工蜂群算法

蚂蚁并不是唯一让人类见识其群体智慧的昆虫。康奈尔大学的生物学家托马斯·西利（Thomas Seeley）长期以来观察蜜蜂奇特的决策能力——

一个蜂房里的工蜂达50000只之多，蜜蜂是如何统一分歧，为蜂群谋得最大利益的？西利发现蜜蜂做出决策的依据是“集思广益”“各抒己见”，用一种有效的机制使选择最优化。这让西利大为惊讶。他把从蜜蜂身上学到的决策方法运用到一些会议上，让与会者考虑所有的可能性，提出各自的想法或意见，然后通过投票决定。

蜜蜂是一种社会化昆虫群体，蜜蜂个体可以担任不同角色，能够完成生育后代、照顾后代、觅食和御敌等工作，并且能够自发地在这些角色之间进行转换。人们利用蜜蜂完成不同工作的机理，提出了不同模型，并将其应用到找寻最优日标函数值、组合优化问题、水资源利用等方面。

通过蜂群的采蜜过程，发现蜜蜂可以通过气味、摇摆舞等多种信息交流方式，使整个蜂群协调完成收获花粉的工作。这种方式使蜂群成为具有自组织性、自我适应性及强鲁棒性的群体。Seeley最先提出了蜂群的自组织模拟模型。受蜂群采蜜过程启发提出的人工蜂群优化算法正是建立在蜜蜂自组织模型和群智能基础上的一种非数值优化计算方法。D. Karaboga在2005年成功地将该优化算法应用到函数的数值优化问题上，并提出了比较系统的人工蜂群算法[29,40]（artifical bee colony algorithm，简记为ABC）。人工蜂群算法简单，鲁棒性强，在非限制性数值优化函数上有着比常见的启发式算法更加优越的性能。2006年，D. Karaboga和B. Basturk[41]又进一步将ABC理论应用到限制性数值优化问题的解决上，并取得了比较好的测试效果。来源于蜂群采蜜行为的优化算法结合某些邻域搜索算法也被应用于如车间作业调度问题、函数优化问题等。

人工蜂群算法在具体应用中有各种变形，但是算法的框架基本类似，主要步骤可以描述为：

步骤1　随机产生一组解作为初始解组。

步骤2　求当前解所对应的目标值。

步骤3　形成新的解（当停止条件不满足时）。

步骤4　指派蜜蜂去那些选定的花朵处（最好的e个点处指派更多的蜜蜂）并计算相应的目标值。

步骤5　从每个花朵处选择最合适的蜜蜂。

步骤 6　指派剩下的蜜蜂进行随机搜索并计算它们对应的目标值。

步骤 7　当不满足停止条件时，重复步骤 3 至步骤 7。

人工蜂群算法需要设置一定的参数。如侦查蜂的数量（n），n 个可被采蜜点中挑选出的点的数量（m），挑选出的 m 个点中最优点的数量（e），指派去最优的 e 个点的蜜蜂数量（nep），起始的花朵数量（ngh）。算法开始时将 n 个侦查蜂随机地放置在搜索区域中。

2.3.4　细菌觅食算法

细菌觅食算法（bacterial foraging optimization，简记为 BFO）是由 Passino 于 2000 年提出来的一种随机仿生算法[30]，其生物机理是模拟细菌在觅食过程中所体现出来的智能行为，此算法具有群体智能性和并行搜索等特点。目前，细菌觅食算法已被应用于噪声干扰下的谐波估计问题和 PID（proportional integral derivative）控制器的设计、自适应控制、车间作业调度等领域。

细菌觅食算法模拟的是大肠杆菌的觅食行为。[10,30,42] 大肠杆菌直径为 1μm，长为 2μm，在外界控制下，20 分钟内即可进行自我繁殖。每个大肠杆菌在其自身的“生物发动机”鞭毛的运动下，每秒可实现 100~200 圈的转动，按每秒 10~20μm 的速度进行移动。大肠杆菌觅食过程中的觅食区域主要分为三类：

（1）当大肠杆菌处在中性介质中时，选择性地进行转动和游动。

（2）当大肠杆菌处在食物源丰富的区域时，大肠杆菌会在该区域停留一段时间；待食物消耗殆尽时，继续向着其认为食物源丰富的区域游动，游动时间更长。

（3）当大肠杆菌处在食物缺乏的区域时，其会根据以往的搜索经验，避免向不利区域游动。

按照这种方式，大肠杆菌能找到最丰富的食物源，同时避免营养匮乏。在觅食过程中，大肠杆菌用蛋白质接收器对食物进行感知，其感知非常灵敏，能随着环境的微妙变化迅速改变自身的搜索行为。这是生物界普遍存在的感知和决策系统。总体来说，细菌在外界条件和自身条件的约束下，朝着最有利方向移动，使其单位时间内所获得的能量最大化。

使用细菌觅食算法求解问题的实现步骤可简单描述为：

步骤1　对问题进行编码。

步骤2　设计评价函数 Z。

步骤3　群体初始化，确定初始细菌群体 S 的规模及初始位置 P。

步骤4　分三层循环：

内层循环：趋化性操作；

中层循环：复制操作；

外层循环：迁徙操作。

步骤5　输出当前最优解。

2.3.5　萤火虫算法

剑桥大学学者 Yang 于 2008 年提出一种新的群智能优化算法——萤火虫算法（firefly algorithm，简记为 FA）。[11,31,43-45] 该算法的研究灵感来源于自然界中萤火虫通过独特的发光行为吸引周围的伴侣或猎物的现象，这种特有的光信息传递方式导致大批萤火虫聚集在一起。萤火虫算法的两个核心思想是萤火虫的吸引力及其位移。在解空间中萤火虫亮度的大小表示其解品质的好坏，目标函数值愈优则其亮度愈亮。每只萤火虫的进化遵循三个相继环节：亮度比较、萤火虫移动和亮度更新。[31,43-45]

将萤火虫的发光模式与目标函数联系起来，进而形成一种新的智能计算模式。萤火虫算法主要遵循如下规则。

（1）所有的萤火虫不分雌雄。例如，下个萤火虫可以被其他萤火虫吸引而不管它们的性别。

（2）吸引力与其亮度成正比。对任何两个萤火虫，亮度弱的那个会飞向亮度强的那个。吸引力与亮度随着距离的增加而减弱，如果一个个体没有找到亮度更强的萤火虫，它将随机移动。

（3）萤火虫的亮度由目标函数决定。例如，对于最大化问题，亮度可以定义与目标函数值成正比，也可以用更为复杂的方法定义。

萤火虫算法的主要步骤可描述如下。

步骤 1　定义目标函数，初始化群体，随机产生 n 个萤火虫的初始位置（i=1，2，…，n），设置算法参数。

步骤 2　计算每个萤火虫的目标函数值，作为萤火虫的亮度。

步骤 3　计算萤火虫的吸引力。

步骤 4　比较萤火虫 i 和萤火虫 j 的亮度。若萤火虫 i 的亮度小于萤火虫 j 的亮度，根据公式移动萤火虫 i；若种群中无萤火虫亮度大于萤火虫 i，则萤火虫 i 按概率随机移动。

步骤 5　萤火虫亮度更新。

步骤 6　如未满足结束条件，则返回步骤 3。

步骤 7　输出全局最优位置。

参考文献

[1] 刘勇．引力搜索算法及其应用研究［D］．上海理工大学，2013.

[2] 吴启迪，等．自然计算导论［M］．上海：上海科学技术出版社，2011.

[3] 王小平，曹立明．遗传算法——理论、应用与软件实现［M］．西安：西安交通大学出版社，2002.

[4] 李董辉，童小娇，万中．数值最优化算法与理论［M］．北京：科学出版社，2010.

[5] 徐宗本，张讲社，郑亚林．计算智能中的仿生学：理论与算法［M］．北京：科学出版社，2003.

[6] 马良，朱刚，宁爱兵．蚁群优化算法［M］．北京：科学出版社，2008.

[7] 汪定伟，王俊伟，王洪峰，等．智能优化方法［M］．北京：高等教育出版社，2007.

[8] 段海滨，张祥银，徐春芳．仿生智能计算［M］．北京：科学出版社，2011.

[9] MOGILNER A，EDELSTEIN - KESHET L. A non-local model for aswarm［J］．Journal of Mathematical Biology，1999，38（6）：534-570.

[10] GAZI V，PASSINO K M. Stability analysis of swarms［J］．IEEE Transactions on Automatic Control，2003，48（4）：692-697.

[11] YANG X. Nature-inspired metaheuristic algorithms［M］．Luniver Press，2010.

[12] HOLLAND J H. Adaptation in natural and artificialsystems［M］．Massachusetts：The MIT Press，1992.

[13] ALDANA M，HUEPE C. Phase transitions in self-driven many-particle systems and related non-equilibrium models：a network approach［J］．Journal of Statistical Physics，2003，112（1-2）：135-153.

[14] CZIRÓK A, VICSEK T. Collective behavior of interacting self-propelledparticles [J]. Physica A: Statistical Mechanics and its Applications, 2000, 281 (1): 17-29.

[15] ADLEMAN L M. Molecular computation of solutions to combinatorialproblems [J]. SCIENCE, 1994, 266 (5187): 1021-1024.

[16] TEODOROVI C D V S A, DWLL ORCO M. Bee colony optimization—a cooperative learning approach to complex transportation problems [J]. Advanced OR and AI Methods in Transportation, 2005: 51-60.

[17] NICOSIA G, CUTELLO V, BENTLEY P J, et al. Artificial immunesystems [M]. Springer, 2004.

[18] DORIGO M, GAMBARDELLA L M. Ant colonysystem: A cooperative learning approach to the traveling salesman problem [J]. IEEE Trans. On Evolutionary Computation, 1997, 1 (1): 53-66.

[19] DORIGO M, MANIEZZO V, COLORNI A. The ant system: Optimization by a colony of cooperating agents [J]. IEEE Transactions on Systems, Man, and Cybernetics-Part B, 1996, 26 (1): 29-41.

[20] BONABEAU E, DORIGO M, THERAULAZ G. Swarm intelligence: from natural to artificialsystems [M]. Oxford university press, 1999.

[21] 雷秀娟. 群智能优化算法及其应用 [M]. 北京：科学出版社，2012.

[22] MILLONAS M. Swarms, phase transitions and collective intelligence [M]. C. G. Langton Ed. Artificial Life Ⅲ.: Addison Wesley, Reading MA: 1994, 417-445.

[23] CHRISTIAN BLUM. 群智能 [M]. 龙飞，译. 北京：国防工业出版社，2011.

[24] EBERHART R, KENNEDY J. A new optimizer using particle swarm theory, 1995 [C]. Proceedings of the sixth International Symposium on Micromachine and Human Seience.

[25] KENNEDY J, EBERHART R. Particle swarm optimization: Proceed-

ings of IEEE International Conference on Neural Networks, 1995 [C].

[26] KENNEDY J, EBERHART RUSSEL C, SHI Y. Swarm intelligence [M]. Academic Press, 2001.

[27] DORIGO M, BONABEOU E, THERAULAZ G. Inspiration for optimization from social insect behavior [J]. Nature, 2000, 406 (6): 39-42.

[28] COLORNI A, DORIGO M, MANIEZZO V. Distributed optimization by antcolonies [J]. Proceedings of the First European Conference on Artificial Life, Paris, France, 1991: 134-142.

[29] KARABOGA D, BASTURK B. A powerful and efficient algorithm for numerical function optimization: artificial bee colony (ABC) algorithm [J]. Journal of global optimization, 2007, 39 (3): 459-471.

[30] PASSINO K M. Biomimicry of bacterial foraging for distributed optimization and control [J]. IEEE Control Syst Mag, 2002, 22 (3): 52-67.

[31] YANG X. Firefly algorithm, stochastic test functions and designoptimisation [J]. International Journal of Bio-Inspired Computation, 2010, 2 (2): 78-84.

[32] 纪震. 粒子群算法及应用 [M]. 北京：科学出版社，2009.

[33] 韩毅，唐加福，牟立峰，等. 粒子群算法求解无能力约束生产批量计划问题 [J]. 管理科学学报，2008，11 (5)：33-40.

[34] 王正初. 车辆路径问题的改进混合粒子群算法研究 [J]. 计算机仿真，2008 (4)：267-270.

[35] 肖人彬，陶振武. 群集智能研究进展 [J]. 管理科学学报，2007，10 (3)：80-96.

[36] 郭文忠，陈国龙. 求解 TSP 问题的模糊自适应粒子群算法 [J]. 计算机科学，2006，33 (6)：161-162，185.

[37] 高海兵，周驰，高亮. 广义粒子群优化模型 [J]. 计算机学报，2005，28 (12)：1980-1987.

[38] 李宁，邹彤，孙德宝. 车辆路径问题的粒子群算法研究 [J]. 系统工程学报，2004，19 (6)：596-600.

[39] 刘士新，宋健海，唐加福．蚁群最优化——模型、算法及应用综述 [J]．系统工程学报，2004，19（5）：496-502.

[40] KARABOGA D，BASTURK B. On the performance of artificial bee colony（ABC）algorithm [J]．Applied soft computing，2008，8（1）：687-697.

[41] SHI Y，EBERHART R C. A modified particle swarm optimizer [J]．Proceedings of the 1998 IEEE Conference on Evolutionary Computation，Anchorage，USA，1998：69-73.

[42] GAZI V，PASSINO K M. Stability analysis of social foraging swarms [J]．IEEE Transactions on Systems，Man and Cybernetics Part B：Cybernetics，2004，34（1）：539-557.

[43] ARORA S，SINGH S. A conceptual comparison of firefly algorithm，bat algorithm and cuckoo search，2013 [C]．International Conference on Control Computing Communication & Materials. IEEE，2013：1-4.

[44] YANG X. Firefly algorithm，levy flights and global optimization [M]．Research and Development in Intelligent Systems XXVI. Springer，2010：209-218.

[45] YANG X，DEB S. Eagle strategy using levy walk and fire fly algorithms for stochastic optimization [M]．Nature Inspired Cooperative Strategies for Optimization（NICSO 2010）．Springer，2010：101-111.

第 3 章

蝙蝠算法及其改进

3.1 引言

2010年，剑桥大学学者Yang通过模拟蝙蝠回声定位行为，提出一种新的群智能优化算法——蝙蝠算法（bat-inspired algorithm）。[1]该算法是一种基于种群的随机寻优算法，蝙蝠个体是蝙蝠算法的基本单元，整个群体的运动在问题求解空间中经过从无序到有序的演化过程，从而获取最优解。蝙蝠算法是一种模拟蝙蝠回声定位机制的群智能算法，它从随机产生的初始群体开始，经过进化算子的不断作用，在迭代过程中逐步改进当前群体中个体的适应值，直到得到问题的最优解或满意解为止。在蝙蝠算法中，每个优化问题的解都是搜索空间中的一只蝙蝠，每只蝙蝠都有一个优化问题决定的适应值，每只蝙蝠通过调整频率、响度、脉冲发射率，追随当前的最优蝙蝠在解空间中搜索。蝙蝠算法结合了现有成功算法的优点和回声定位的新特性。本章主要介绍蝙蝠算法的生物学原理，讨论蝙蝠算法的基本模型，从原理上描述蝙蝠回声定位行为和算法流程，从算法的提出、改进和算法的应用等方面分析算法的研究进展，并探讨后续的一些研究方向。

3.2 算法生物学原理

蝙蝠的种类繁多，分布广泛，是群聚类哺乳动物。其中小型蝙蝠视力较差，但具有高度敏感的听觉系统，在捕食过程中，不断发出超声波，超声波遇到猎物反弹，反弹后的超声波被蝙蝠接收，蝙蝠根据超声波发出与反弹的时间差等因素来判断猎物的大小与位置。高频声波在空气中传播时衰减较快，而低频声波则能够传播较远的距离。蝙蝠在捕食开始时，不知道猎物的位置和与猎物的距离，理应用低频声波进行大范围搜索，但蝙蝠并不用低频声波进行搜索，而是用高频声波。因为高频声波的波长比低频声波的波长要短，而波长较短的声波更接近猎物的大小，能够提高识别猎物的准确性。[2]因此，小型蝙蝠发射的声波频率为25~150kHz，波长为2~14mm，这样的波长符合蝙蝠猎物的大小。由于高频声波在传播过程中衰减较快，所以蝙蝠只有发出强度较高的声波才能准确地接收声波。蝙蝠所发出声波的强度能够达到110dB，每个声波持续的时间非常短，为5~20ms。小型蝙蝠每秒发射出10~20次超声波。当探测到猎物时蝙蝠就会逐渐降低超声波的强度，同时提高声波发射频率，并通过接收来自猎物传回的声波反馈，从而准确获得猎物位置，最终成功捕获猎物。[3]

蝙蝠的回声定位系统[4-6]是经过几千万年进化形成的效率极高且消耗极低的搜寻系统。蝙蝠通过接收自身发出的不同频率、强度的声波来建立三维场景，通过分析反弹的超声波来判断猎物的大小、位置和移动方向。整个捕猎过程快速、精准。大多数研究人员认为，蝙蝠依据发出和反弹超声波的时间差来确定与猎物之间的距离，通过声波到达两只耳朵的时间与强度的不同来判断猎物的方位，根据声波波形的变化来判断是猎物还是障碍物。[7]蝙蝠在靠近猎物时发出声波的速度非常快，大约在180次/秒，即每个脉冲所需时间仅为1/180秒，检测速度非常快。

3.3 蝙蝠算法

许多研究表明，蝙蝠根据声波发出与反弹的时间差确定物体的距离，依据回声到达两耳的时间与强度来判断物体方位，利用回声定位波形变化来识别物体的性质，是敌害、猎物还是建筑物。这一切都在极短的时间内完成。当它们接近物体时，随着频率降低，声波速度越来越高，可达

100~200次/秒，即每个脉冲所需时间仅为1/100~1/200秒，检测速度惊人。一般情况下，蝙蝠平均每分钟能捕到10只蚊子或14只果蝇大小的昆虫。蝙蝠的声呐系统非常精巧，动物学家早在200年前就进行了相关实验——让蝙蝠在吊挂着许多悬线的暗室中往返飞行，结果没有一只会撞线。蝙蝠通过嘴或鼻孔发出高频声波，以此探路。当一只蝙蝠接近一只静止的昆虫时，它接收的回声频率会升高，当昆虫飞向蝙蝠时，频率的上升幅度会更大。有些蝙蝠能利用相对于其周围物体的多普勒变化来计算昆虫的飞行速度。

声音在空气中的速度通常为$v=340\text{m/s}$，而超声波在f频率下的波长为

$$\lambda=v/f \tag{3-1}$$

通常频率为25~150kHz，它的波长范围在2~14mm之间。这样的波长符合蝙蝠猎物的大小。蝙蝠发出的在超声波范围内的声波，其响度能达到110dB，且可以从搜索猎物时的最高音变化到靠近猎物时的最低音。根据实际频率，如此短暂的脉冲传送距离通常只有几米。微型蝙蝠通常能够设法避开障碍物，哪怕障碍物只有发丝大小。研究表明，蝙蝠能够探测到目标物的距离与方向、猎物的种类、猎物的移动速度，哪怕猎物只是一只小昆虫。

目前，已有的智能计算理论和应用研究表明智能优化算法是一种能够有效解决大多数优化问题的方法。基于智能特征的优化算法设计必须遵守简单有效的原则，对于自然现象过于复杂的模拟往往会导致算法不具有推广性和实用价值，许多智能优化算法不成功的原因就在于此。如何从自然规律中提炼出有效的规则并应用于算法的寻优策略，是智能优化算法设计要面对的一个关键问题。蝙蝠算法受回声定位规律启发，但是不拘泥于回声定位的原始表达式。另外，参数不再固定不变，而是随迭代次数进行调整，算法的优化性能较好。

蝙蝠算法模拟微型蝙蝠回声定位理论进而形成智能计算模式。该算法基于如下基本假设。

（1）蝙蝠运用回声定位感应距离，并能感知食物和障碍物之间的区别。

（2）蝙蝠在位置 X_i 以速度 V_i 随机飞行，以固定频率 $f_{\min}$（或 λ）、可变化波长 λ（或 f）和响度 A_0 搜索猎物，它们根据猎物与自己的距离调节发射出的脉冲波长（或频率），并在靠近猎物时调整发射脉冲的频率 $r \in [0, 1]$。

（3）假定响度变化从最大值（正值）A_0 到最小值 $A_{\min}$。

通常频率的范围为 $[f_{\min}, f_{\max}]$，对应的波长范围为 $[\lambda_{\min}, \lambda_{\max}]$，如频率范围［20kHz，500kHz］对应的波长范围是［0.7mm，17mm］。在实际应用中，可以根据不同的问题使用任何波长，通过调整波长（或频率）来调整范围，先选择相应的区域，然后慢慢缩小。我们可以假定 $f \in [0, f_{\max}]$，频率越高，波长越短，飞行距离越短，通常飞行范围在几米以内。发射脉冲的频度在［0，1］范围内，其中 0 表示没有脉冲，1 意味着最大发射频率。

基于以上分析，蝙蝠搜索算法的主要步骤可以描述如下。

步骤 1　参数初始化，目标函数 $f(X)$，$X = (x_1, x_2, \cdots, x_d)^T$；初始化蝙蝠种群 $X_i (i = 1, 2, \cdots, n)$ 和 V_i，脉冲频率 f_i at X_i；初始化脉冲速率 r_i 和声音响度 A_i。

步骤 2　通过调整频率产生新的解并更改速度和位置。

步骤 3　如果（$rand > r_i$）从最佳解集中选一个解，在选择的最佳解附近形成一个局部解。

步骤 4　通过随意飞行产生一个新解。

步骤 5　If$[rand < A_i \ \& \ f(X_i) < f(X^*)]$，接受这个新的解，增大 r_i 减小 A_i。

步骤 6　排列蝙蝠并找到当前最佳 X^*。

步骤 7　如未满足结束条件，则返回步骤 2。

步骤 8　输出全局最优位置。

在一个 d 维搜索空间中，蝙蝠新位置 X_i^t 和速度 V_i^t 在步骤 t 时的更新公式如下。

$$f_i = f_{\min} + (f_{\max} - f_{\min})\beta \tag{3-2}$$

$$v_i^t = v_i^{t-1} + (x_i^t - x^*) f_i \tag{3-3}$$

$$x_i^t = v_i^{t-1} + v_i^t \tag{3-4}$$

其中的$\beta\in[0, 1]$ 是一个随机向量，X^*是当前全局最优位置。根据所求解的问题类型，固定λ_i(或f_i)的同时改变f_i(或λ_i)。在实际求解过程中，我们可以根据问题的领域大小，如使用$f_{\min}=0$和$f_{\max}=100$。开始时每只蝙蝠随机分配频率，频率从$[f_{\min}, f_{\max}]$平均得出。局部搜索时，每只蝙蝠的更新公式如下：

$$x_{new}=x_{old}+\varepsilon A^t \quad \varepsilon\in[-1, 1] \tag{3-5}$$

这里$\varepsilon\in[-1, 1]$是随机数，$A^t=(A_i^t)$是所有蝙蝠在这一代里的平均响度。蝙蝠的速度和位置更新和标准粒子群算法相似，这里f_i基本上控制了蝙蝠运动的节奏和范围。所以，某种程度上可以认为BA是标准粒子群算法和由响度和脉冲速率控制的局部搜索的一种均衡组合。

此后，脉冲发射的响度A_i和速率r_i也要随迭代过程进行更新。一旦蝙蝠发现猎物，响度会逐渐降低，脉冲速率会逐渐提高。响度可以选为任何便利值，例如，我们可以用$A_0=100$和$A_{\min}=1$，也可以用$A_0=1$和$A_{\min}=0$。假设$A_{\min}=0$表示一只蝙蝠刚刚发现猎物，暂时停止发出声音。脉冲发射的响度A_i和速率r_i的更新公式如下：

$$A_i^t=\alpha\cdot A_i^{t-1} \qquad r_i^t=r_i^0(1-e^{-\gamma t}) \tag{3-6}$$

这里α和γ是恒量，α类似于模拟退火算法中冷却进程表中的冷却因素。对于任何$0<\alpha<1$和$\gamma>0$的量都有

$$A_i^t\to 0, \ r_i^t\to r_i^0, \ ast\to\infty \tag{3-7}$$

初始化时，每只蝙蝠所发出的响度和脉冲速率随机给出。一般情况下，我们定义初始的响度A_i^0通常在[1, 2]之间，初始的发射速率r_i^0一般在0左右。蝙蝠的响度和发射速率将随搜索过程不断更新，从而逐渐飞向最优解。

蝙蝠算法的伪代码表示如下。

```
Initialize the bat population x_i(i=1, 2, …, n) and v_i
Initialize  frequencies f_i, pulse rates r_i and the loudness A_i
While(t<maximum number of iterations)
  For i=1 : n
    Generate new solutions using (2), (3) and (4)
```

If $rand > r_{new}$

Select one among the best solutions and generate a local solution around this one, using (5)

Else

Select randomly a solution and generate a local solution around this one, using (5)

End if

Evaluate the bats

If($rand < A_i$) and [$f(x_i) < f(x^*)$]

$F(x_i) = f(x^*)$

Increase r_i and reduce A_i, using (6)

End if

End for

Rank bats to find the current best solutions

End while

蝙蝠算法寻优过程主要是通过使用回声定位和频率调谐。在实际模拟中，回声定位并没有被直接用来计算现实的函数优化问题，但是算法中引入了频率的变化。因此，算法结合了类似于粒子群算法与和声搜索算法的优化搜索优点，使得蝙蝠算法拥有其他群智能算法的优点。与其他智能算法相比，蝙蝠算法一个突出的优点就是其能够自动地将算法的寻优区域缩放至能够产生比当前解性能更好的解所在的区域。伴随这种缩放进程的是从全局搜索到局部搜索的自动转换。这种功能能够使蝙蝠算法在算法寻优的初始阶段拥有一个比其他算法更快的收敛速度。

蝙蝠算法的另一个突出优点是参数的动态控制。大多启发式算法的参数在算法运行前已通过实验手段进行确定，参数在算法运行的过程中一般是保持不变的，是一种静态的参数设置方式。蝙蝠算法的参数设置方法是相对动态的，响度 A 和脉冲发射速率 r 随着迭代的进行而改变。当算法寻优的结果接近全局最优解时，这种参数控制方式便给算法提供了一种由全局搜索向局部搜索自动转换的途径。此外，从算法实现的方法来看，蝙蝠算法可以根据具体问题，设计出合理的算法实现方式。

3.4 算法研究现状

蝙蝠算法自提出以来，凭借模型简单、参数较少、通用性强等优点受到广泛关注。但蝙蝠算法也存在易陷入局部极值、求解精度低、算法后期收敛速度慢的缺点。针对这些不足，国内外许多学者对蝙蝠算法做了相应改进，具体如下。

文献［8］把模拟退火的思想引入到蝙蝠优化算法中，并对蝙蝠算法的某些个体进行高斯扰动，提出一种基于模拟退火和高斯扰动的蝙蝠算法（bat algorithm based on simulated annealing and Gaussian perturbations，简记为 SAGBA）。将蝙蝠优化算法、模拟退火粒子群算法、SAGBA 算法进行基准测试函数仿真对比，验证的结果表明 SAGBA 算法不仅具有较好的全局搜索能力，而且还具有较快的收敛速度。文献［9］提出一种自适应蝙蝠算法（an adaptive bat algorithm，简记为 ABA），在速度更新公式第一项设置了自适应惯性权重，使蝙蝠在搜索过程中能动态地调整速度，加快了算法的收敛速度。文献［10］把差分进化算法中的变异、交叉、选择机制应用于蝙蝠算法。提出一种基于 DE 算法改进的蝙蝠算法，使蝙蝠算法具有变异机制，增强了算法的寻优能力。文献［11］提出一种高效的混合蝙蝠算法，该算法利用立方映射产生混沌序列，对蝙蝠的位置和速度进行初始化，提高了种群的全局搜索能力，并结合 Powell 搜索增强了算法的深度挖掘能力。考虑到蝙蝠的前期搜索经验会影响后期局部搜索，文献［12］提出一种具有记忆特征的改进蝙蝠算法，在速度更新公式中加入速度惯性权重因子，并根据猎物的移动特性改进了当前最优位置的更新方式，有效地避免了算法早熟收敛。文献［13］把蝙蝠种群分为外部子种群和内部子种群，提出一种具有双种群的蝙蝠算法（a double-subpopulation variant of the bat algorithm，简记为 DBA），外部子种群采用动态惯性权重模型更新蝙蝠速度，内部子种群采用莱维飞行模型更新蝙蝠速度，不仅提高了种群全局搜索能力和局部搜索能力，并且保持了种群的多样性。文献［14］提出了一种求解多维全局优化问题的改进蝙蝠算法，使用随机蝙蝠来引导个体飞行和局部搜索，并采用修改部分维的策略，提高了种群的多样性、加强了算法的局部求解能力。文献[15]提出一种自适应变异的蝙蝠算法，在初始化阶段利用 K-means 聚类使蝙蝠种群均匀地分布在整个搜索空间中，并根据算法的迭代次数控制产生变异概率来决定是否对结果进行高斯变异，最后引入自然选择机制，保留最优个体，淘汰最差个体，大大增强了种群的多样性和寻优速度。文献[16]提出一种动态虚拟蝙蝠算法（a novel meta-heuristic algorithm：dynamic virtual bats algorithm，简记为 DVBA）。该算法把种群中的蝙蝠限定为两种，一种为探寻搜索空间的蝙蝠，另一种为在可能为最优解的位置附近加强深度探索的蝙蝠。在搜索过程中，蝙蝠依靠自身探索特性动态转变角色，这种动态转变提高了算法的整体寻优性能。文献[17]提出一种基于莱维飞行和对立学习的蝙蝠算法（modified bat algorithm based on levy flight and opposition based learning，简记为 OBMLBA）。该算法利用莱维飞行避免陷入局部极值，利用 OBL 产生相对种群，之后与原始种群一起被测试，选出最优解，从而提高了种群的多样性。文献[18]提出一种新型定向蝙蝠算法（new directional bat algorithm for continuous optimization problems，简记为 DBA），改进后的算法提出定向回声定位概念，并在算法中引入四种蝙蝠飞行模型，有效提高算法的全局搜索与局部搜索的能力。文献[19]提出一种基于高斯扰动和指数递减策略的改进蝙蝠算法（GDEDBA）。该算法把指数递减策略引入速度更新公式，使算法迅速进入局部寻优并展开精确搜索；构造高斯扰动项加入局部新解产生公式，使局部新解中所有粒子与当前全局最优粒子产生信息交流与学习，防止陷入局部极值，增加种群多样性；设计扰动控制因子来控制高斯扰动的扰动范围，增强算法的稳定性。15 个测试函数的仿真结果表明，改进算法的寻优性能显著提高，收敛速度更快，求解精度更高，稳定性更强。

蝙蝠算法在不同领域都取得了较好的应用效果，研究人员根据实际问题的具体要求对蝙蝠算法进行相应的改进，用来解决实际问题，如文献[20] 将蝙蝠算法应用于无线传感器节点划分问题，蝙蝠算法能够准确地预测最关键的节点，不仅提高了网络的传递率，而且降低了传递能耗，提升了网络的性能。文献[21]将蝙蝠算法应用于视觉跟踪领域，将视觉跟踪看作优化问题，提出基于蝙蝠算法的追踪结构，利用蝙蝠算法寻找图像目标中的最优解。文献[22]提出了一种自适应学习蝙蝠算法。该算法运用两种变异模型以提高算法的寻优精度，并将改进后的算法成功应用于识别PMSM（永磁同步电机）的参数，算法在线下和线上对参数的预估处理方面都具备非常好的性能。文献[23]利用改进后的蝙蝠算法解决了图像压缩问题，利用蝙蝠优化算法初始化LBG（一种生成密码本的矢量量化算法），从而得到较理想的密码本，并且大幅降低了计算时间。文献[24]把差分进化算法融入蝙蝠算法，提出一种改进的蝙蝠算法（improved bat algorithm，简记为IBA）。该算法利用差分策略实现种群中蝙蝠个体的变异，提高了算法后期深度搜索的能力。改进后的蝙蝠算法能够在高维度下对路径进行规划，减少了路径中的候选节点，能够快速生成一条安全的路线。文献[25]将蝙蝠算法应用于医疗扩展查询领域，降低了查询计算的复杂度，提高了医疗扩展查询的检索效率。文献[26]提出一种运用塔古奇理论的二进制蝙蝠算法（taguchibinary bat algorithm，简记为TBA）。该算法首先初始化蝙蝠种群，然后利用塔古奇理论［27］使种群靠近潜在的最优解，以加快后期的寻优过程。改进后的算法被用来判定PMUs（phasor measurement units）的最优值和位置，提高了电力系统的可观测性。文献[28]为更好地解决移动机器人路径规划问题，提出了一种具有反向学习和正切随机探索机制的蝙蝠算法，在全局搜索阶段的位置更新中引入动态扰动系数，提高算法全局搜索能力。在局部搜索阶段，融入正切随机探索机制，增强算法局部寻优的策略性，避免算法陷入局部极值。同时，加入反向学习选择策略，进一步平衡蝙蝠种群多样性和算法局部开采能力，提高算法的收敛速度。此后，把改进算法与三次样条插值方法相结合去求解机器人全局路径规划问题，定义了基于路径结点的编码方式，构造了绕避障碍求解最短路径的方法和适应度函数。最后，在简单和复杂障碍环境下分别对单机器人和多机器人系统进行了路径规划对比实验。实验结果表明，改进后算法无论在最优解还是平均解方面都要优于其他几种对比算法，对于求解机器人全局路径规划问题具有较好的可行性和有效性。

综上所述，对蝙蝠算法的研究主要分为两个方向：其一是对蝙蝠算法的理论基础进行深入分析，改进算法的基本公式，提高算法的寻优精度和收敛速度，提高算法的寻优性能。其二是把蝙蝠算法应用到更多实际问题中，结合具体问题，改进和优化蝙蝠算法，使之能够高效地解决实际问题。

3.5 一种动态调整惯性权重的自适应蝙蝠算法

本节从基本蝙蝠算法的速度更新公式入手，在速度项前加入一个随机惯性权重，不仅使种群代与代之间具有随机性，还使每一代内的蝙蝠个体具有随机性。考虑到蝙蝠种群在捕猎过程中的速度变化规律，设计了速度纠正因子函数，函数值随着迭代次数的增加逐渐减小，从而有利于前期快速探索整个搜索空间、后期局部深度挖掘。在上述理论基础上，做了大量仿真实验，通过反复调整参数，最终使改进后的算法具有较好的寻优性能。

3.5.1 算法的基本思想

Yang 教授在 2010 年提出的蝙蝠算法，模型简单、参数少、通用性强，性能优于很多以往的群智能优化算法，如蚁群算法、粒子群算法。但蝙蝠算法和其他群智能优化算法一样，也存在一些缺点。由于算法提出时间较晚，这些缺点还没有完全得到解决。通过分析蝙蝠算法的基本原理和数学模型，发现算法中蝙蝠个体当前移动速度直接影响蝙蝠的移动位置，同时蝙蝠当前的移动速度又受上一代蝙蝠移动速度的影响。通过分析基本蝙蝠算法速度更新公式（3-3），发现蝙蝠上一代速度前系数始终为 1，这在算法前期不利于快速探索整个搜索空间，在算法后期不利于局部深度精确搜索，当算法陷入局部极值时，恒定的速度项系数也不利于跳出局部极值，降低了蝙蝠个体的灵活性以及蝙蝠种群的多样性，导致算法前期搜索效率降低、后期易早熟收敛、全局搜索和局部搜索不均衡。针对这个问题，本节利用均匀分布和贝塔分布的特性，构造了动态随机惯性权重，使每一代蝙蝠个体的速度都具有一定的随机性，在前期能够使种群快速地分布在整个搜索空间，在后期算法陷入局部极值时，随机的速度增加了算法跳出局部极值的机会。根据群智能优化算法中粒子个体在整个搜索过程中的速度变化规律[29]，设计了速度纠正因子函数，对蝙蝠个体随机的速度加以约束，使算法具有一定的自适应性，提高了改进后算法的稳定性。基于上述改进优化思想，本节提出一种动态调整惯性权重的自适应蝙蝠算法（an adaptive bat algorithm with dynamically adjusting inertia weight，简记为 DAW-BA）。[30]仿真实验结果表明，改进后的算法寻优性能显著提高，具有较快的收敛速度和较高的寻优精度。

3.5.2 算法的改进策略

3.5.2.1 构造随机惯性权重

从基本蝙蝠算法的公式（3-3）可以看出，速度项系数恒定为 1，大大降低了蝙蝠的灵活性以及蝙蝠种群的多样性，并且导致算法的全局搜索和局部搜索不均衡。为了解决这个问题，国内外学者做了许多相关优化改进，如王文等人[12]提出了一种动态调整惯性权重的策略，即非线性的减小 ω 的取值。惯性权重表示为

$$\omega(t)=\omega_{\min}+(\omega_{\max}-\omega_{\min})\cdot\exp\left[-\rho\left(\frac{t}{T_{\max}}\right)^{2}\right] \tag{3-8}$$

其中，$\omega_{\min}$和$\omega_{\max}$分别为$\omega(t)$的最小值和最大值，$T_{\max}$为算法的最大迭代次数，$1<\rho<T_{\max}$。$\omega(t)$在前期数值较大，加快了算法前期的搜索速度，前期种群的大范围搜索快速定位到局部最优解，后期在局部最优解的附近进行深度搜索，从而加快了算法的整体收敛速度。但是，从公式（3-8）可以看出，递减的惯性权重虽然赋予算法前期较大的速度，后期较小的速度，但惯性权重是由种群迭代次数 t 来决定的，即每一代内蝙蝠种群的惯性权重依然一样，忽略了每一代内所有蝙蝠的速度依旧恒定不变的问题。和基本蝙蝠算法一样，种群中的每一代蝙蝠个体依然缺乏多样性，这些不足会造成算法的迭代次数增加，收敛速度变慢。为了解决这个问题，受到 Chen Zhen 等人[31]的启发，本节设计了一种随机的惯性权重，具体表达式为

$$\omega=\omega_{max}-(\omega_{max}-\omega_{min}) * rand()-\tau * betarnd() \tag{3-9}$$

其中，ω_{max}和ω_{min}分别为ω的最大值和最小值，τ为惯性偏离因子，$\tau \in [0.1, 0.9]$，rand()为在［0，1］上服从均匀分布的随机数，betarnd()为服从贝塔分布所产生的随机数[32]，其分布覆盖率包含了从均匀分布到正态分布以及各种不对称分布，即取值在（0，1）上的概率模式。惯性权重ω表达式中第二项通过$rand()$以相同的概率赋予（$\omega_{max}-\omega_{min}$）系数，从而使$\omega$随机地在［$\omega_{min}$，$\omega_{max}$］上取值。最后一项中利用贝塔分布对$\omega$进行偏离，从而使惯性权重的取值分布更均匀，也更灵活。在$betarnd()$前加入τ（惯性偏离因子）是为了控制ω的偏离程度，使随机取值更合理。总的来说，这样的惯性权重不仅使蝙蝠种群的速度在代与代之间具有随机性，而且使每一代内蝙蝠个体的速度也具有随机性。这增强了每一代内蝙蝠种群的多样性，一定程度上改善了蝙蝠算法收敛速度慢、易陷入局部极值等问题。算法加入动态随机惯性权重后的速度更新公式变为

$$v_i^t=\omega * v_i^{t-1}+(x_i^{t-1}-x_*) \cdot f_i \tag{3-10}$$

3.5.2.2 构造速度纠正因子

3.5.2.1节提出了动态随机惯性权重，赋予了每一代蝙蝠个体随机的速度值，既使每一代蝙蝠的速度具有很强的随机性，也使每一代蝙蝠的移动步长具有很强的随机性。如此可能会导致蝙蝠每一代的移动都太过“随意”，为了使算法在迭代过程中能够有一定的自适应性同时更加稳定，本小节提出了速度纠正因子函数，表达式如下：

$$c_i(t)=1-\frac{t}{T_{max}+rand()} \tag{3-11}$$

算法加入速度纠正因子函数后的位置更新公式变为

$$x_i^t=x_i^{t-1}+c_i(t) * v_i^t \tag{3-12}$$

其中，t为算法的迭代次数，T_{max}为算法设定的最大迭代次数。$c_i(t) \in (0, 1)$，$c_i(t)$随着迭代次数的增加而逐渐减小，有利于前期全局搜索，后期局部深度挖掘。[29]加入速度纠正因子函数之后，算法根据迭代次数动态地约束每一代太过“随意”移动的蝙蝠个体，使每只蝙蝠的移动速度和位置不仅具有了一定的随机性，而且具有了稳定性，同时使改进后的蝙蝠算法具有了一定的自适应性。

3.5.3 改进后算法的流程

步骤1 随机初始化蝙蝠种群个体数 N，声波频率的最小值 f_{min} 和最大值 f_{max}，蝙蝠的速度 v_i，蝙蝠的位置 x_i，蝙蝠发出超声波的强度 A_i^t 和脉冲发射频率 r_i。

步骤2 根据适应度函数 $f(x)$，$x=(x_1, x_2, x_3, \cdots, x_N)^T$，求出每只蝙蝠的适应度函数值，并找出当前最优的解。记录当前最优解蝙蝠的位置为 x_*。

步骤3 根据公式（3-2）、（3-9）、（3-10）、（3-12）更新蝙蝠的速度和位置。

步骤4 产生一个随机数 $rand$，如果 $rand>r_i$，那么利用公式（3-4）在最优解附近产生一个局部新解。

步骤5 产生一个随机数 $rand$，如果 $rand<A^t \& f(x_i) <f(x_*)$，那么就把步骤4所产生的新解记为当前最优解，然后更新强度 A_i^t 和脉冲发射频率 r_i。

步骤6 把种群中蝙蝠个体的适应度值进行排序，筛选出这一代的最优位置 x_*。

步骤7 重复步骤2到步骤6的迭代过程，直到求出满足精度要求的解或算法达到设定的最大迭代次数。

步骤8 输出全局最优解。

3.5.4 数值仿真与分析

3.5.4.1 测试函数

具体测试函数如下。

（1）Sphere 函数：

$$f_1(x) = \sum_{i=1}^{n} x_i^2$$

该函数在（0，…，0）处取得最小值0。

（2）Ronsenbrock 函数：

$$f_2(x) = \sum_{i=1}^{n} [100(x_{i+1} - x_i^2)^2 + (x_i - 1)^2]$$

该函数在（1，…，1）处取得最优值 0。

（3）Griewank 函数：

$$f_3(x) = 1 + \frac{1}{4000}\sum_{i=1}^{n} x_i^2 - \prod_{i=1}^{n} \cos\left(\frac{x_i}{\sqrt{i}}\right)$$

该函数在（0，0）处取得最小值 0。

（4）Hansen 函数：

$$f_4(x) = \sum_{i=1}^{n} i \cdot \cos[(i - 1) \cdot x_1 + i] \cdot \sum_{j=1}^{n} j \cdot \cos[(j + 1) \cdot x_2 + j]$$

该函数在（-7.589893，-7.708314），（-7.589893，-1.425128），（-1.306708，-7.708314），（-1.306708，4.858057），（4.976478，-7.708314），（4.976478，4.858057）处取得最小值-176.5418。

（5）Schwefel's problem 2.22 函数：

$$f_5(x) = \sum_{i=1}^{n} |x_i| + \prod_{i=1}^{n} |x_i|$$

该函数在（0，…，0）处取得最小值 0。

（6）Ackley's 函数：

$$f_6(x) = -20\exp\left(-0.2\sqrt{\frac{1}{n}\sum_{i=1}^{n} x_i^2}\right) - \exp\left[\frac{1}{n}\sum_{i=1}^{n} \cos(2\pi x_i)\right] + 20 + e$$

该函数在（0，…，0）处取得最小值 0。

（7）Branin 函数：

$$f_7(x) = \left(x_2 - \frac{5.1}{4\pi}x_1^2 - 6\right)^2 + 10 \times \left(1 - \frac{1}{8\pi}\right)\cos x_1 + 10$$

该函数在（3.14，12.275），（3.14，2.275），（9.42478，2.475）处取得最小值 0.39789。

（8）Rastrigin 函数：

$$f_8(x) = \sum_{i=1}^{n} [x_i^2 - 10\cos(2\pi x_i) + 10]$$

该函数在（0，…，0）取得最优值0。

（9）Six-Hump Camel-Back 函数：

$$f_9(x)=4x_1^2-2.1x_1^4+\frac{x_1^6}{3}+x_1x_2-4x_2^2+4x_2^4$$

该函数在（-0.0898，0.7126）和（0.0898，-0.7126）处取得最优值-1.0316。

（10）Goldstein-Price 函数：

$$f_{10}(x)=[1+(x_1+x_2+1)^2\times(19-14x_1+3x_1^2-14x_2+6x_1x_2+3x_2^2)]\times[30+(2x_1-3x_2^2)^2\times(18-32x_1+12x_1^2+48x_2^2-36x_1x_2+27x_2^2)]$$

该函数在（0，-1）处取得最优值3。

（11）Booth's 函数：

$$f_{11}(x)=(x_1+2x_2-7)^2+(2x_1+x_2-5)^2$$

该函数在（1，3）处取得最优值0。

（12）Easom 函数：

$$f_{12}(x)=-\cos(x_1)\cos(x_2)\exp\{-[(x_1-\pi)^2+(x_2-\pi)^2]\}$$

该函数在（-π，π）处取得最小值-1。

（13）Bukin 函数：

$$f_{13}(x)=100\sqrt{|x_2-0.01x_1^2|}+0.01|x_1+10|$$

该函数在（-10，1）处取得最小值0。

（14）Matyas 函数：

$$f_{14}(x)=0.26(x_1^2+x_2^2)-0.48x_1x_2$$

该函数在（0，0）处取得最小值0。

（15）Three-hump camel 函数：

$$f_{15}(x)=2x_1^2-1.05x_1^4+\frac{x_1^6}{6}+x_1x_2+x_2^2$$

该函数在（0，0）处取得最小值0。

在15个测试函数中，$f_1(x)$，$f_2(x)$，$f_{11}(x)$，$f_{12}(x)$，$f_{14}(x)$为单峰函数，其余为多峰函数，其中$f_3(x)$，$f_6(x)$，$f_8(x)$的空间图像分别如图3-1至图3-3所示。

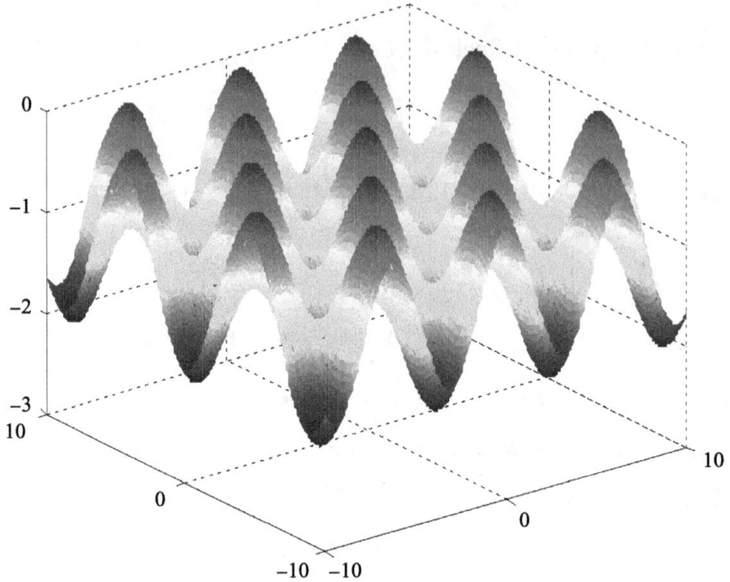

图 3-1　$f_3(x)$ 的空间图像

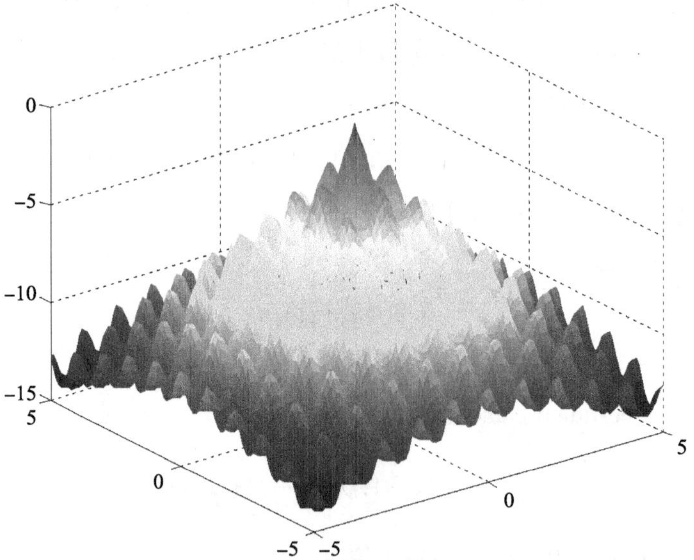

图 3-2　$f_6(x)$ 的空间图像

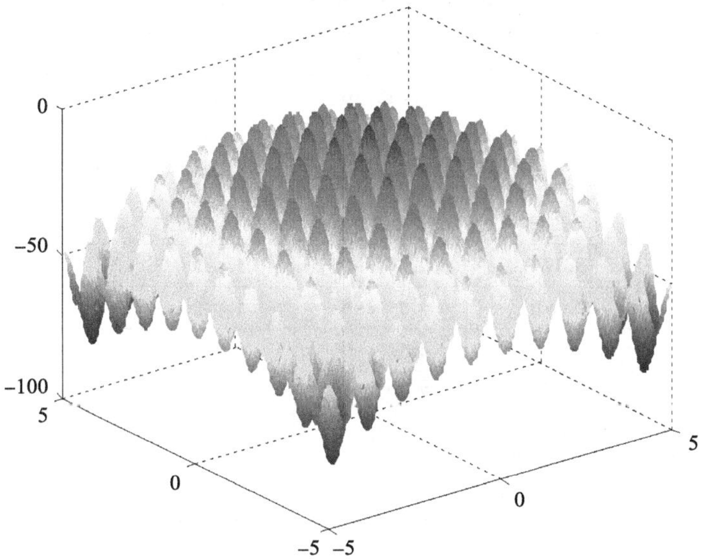

图 3-3 $f_8(x)$的空间图像

从图 3-1 至图 3-3 可以看出，f_3（x），f_6（x）和f_8（x）的局部极值非常多，容易使算法陷入局部极值，全局最优值很难被找到。因此，这 15 个测试函数都有一定的求解难度，适合测试算法的寻优性能。

3.5.4.2 寻优精度分析

为了保证测试的客观性和公正性，BA、NLDWBA 和 DAWBA 三种算法的参数设置基本一致，参数具体设置如下：种群规模 $N=40$，声波频率最小值$f_{min}=0$，最大值$f_{max}=2$，强度最小值 $A_{min}=0$，最大值 $A_{max}=0.25$，脉冲发射频率最大值 $r_0=0.5$，算法的最大迭代次数为 1000 代。对于每个测试函数，每种算法独立运行 50 次。为了进一步证明本节提出的算法优越性，统计了 3 种算法运行 15 个测试函数的最差解、最优解和平均值，并加粗显示精度最高的解，具体实验结果见表 3-1。

表 3-1　寻优精度对比分析

函数	算法	最差解	最优解	平均值
f_1	BA	3. 822e-08	1. 350e-08	2. 956e-08
	NLDWBA	8. 930e-10	4. 050e-10	6. 273e-10
	DAWBA	**2. 791e-10**	**6. 224e-11**	**4. 628e-11**
f_2	BA	0. 004881	0. 002792	0. 003350
	NLDWBA	2. 644e-06	1. 492e-06	2. 501e-06
	DAWBA	**8. 757e-08**	**7. 089e-08**	**9. 762e-08**
f_3	BA	4. 167e-09	3. 106e-09	3. 441e-09
	NLDWBA	7. 707e-10	1. 185e-10	2. 557e-10
	DAWBA	**2. 564e-11**	**1. 307e-11**	**2. 185e-11**
f_4	BA	-176. 5418	-176. 5418	-176. 5418
	NLDWBA	-176. 5418	-176. 5418	-176. 5418
	DAWBA	-176. 5418	-176. 5418	-176. 5418
f_5	BA	0. 000416	0. 000201	0. 000263
	NLDWBA	5. 622e-05	2. 753e-05	3. 046e-05
	DAWBA	**1. 837e-05**	**1. 680e-05**	**1. 751e-05**
f_6	BA	0. 000377	0. 000128	0. 000301
	NLDWBA	5. 193e-05	4. 474e-05	6. 735e-05
	DAWBA	**3. 329e-05**	**1. 544e-05**	**2. 803e-05**
f_7	BA	0. 39789	0. 39789	0. 39789
	NLDWBA	0. 39789	0. 39789	0. 39789
	DAWBA	0. 39789	0. 39789	0. 39789
f_8	BA	5. 039e-12	8. 046e-13	2. 824e-12
	NLDWBA	2. 993e-12	1. 401e-12	1. 914e-12
	DAWBA	**1. 296e-13**	**7. 105e-15**	**1. 954e-14**
f_9	BA	-1. 0316	-1. 0316	-1. 0316
	NLDWBA	-1. 0316	-1. 0316	-1. 0316
	DAWBA	-1. 0316	-1. 0316	-1. 0316
f_{10}	BA	3	3	3
	NLDWBA	3	3	3
	DAWBA	3	3	3

续表

函数	算法	最差解	最优解	平均值
f_{11}	BA	7.365e-10	1.747e-10	3.557e-10
	NLDWBA	4.363e-12	2.517e-12	3.958e-12
	DAWBA	**6.429e-13**	**1.011e-13**	**2.667e-13**
f_{12}	BA	-1	-1	-1
	NLDWBA	-1	-1	-1
	DAWBA	-1	-1	-1
f_{13}	BA	0.17249	0.12524	0.14531
	NLDWBA	0.13354	0.09895	0.00715
	DAWBA	**0.11945**	**0.02428**	**0.08580**
f_{14}	BA	2.824e-11	4.905e-12	1.401e-11
	NLDWBA	1.026e-12	3.032e-13	7.380e-13
	DAWBA	**3.594e-15**	**1.627e-15**	**2.564e-15**
f_{15}	BA	2.488e-10	9.306e-11	1.218e-10
	NLDWBA	3.183e-12	1.502e-12	2.351e-12
	DAWBA	**5.638e-13**	**4.387e-14**	**9.597e-14**

由表 3-1 可以看出，对于测试函数 $f_4(x)$，$f_7(x)$，$f_9(x)$，$f_{10}(x)$ 和 $f_{12}(x)$，三种算法均能够找到最优解，寻优精度无差别。但对于其余测试函数，本小节提出的一种动态调整惯性权重的自适应蝙蝠算法（DAWBA）算法的最差解、最优解以及平均值的精度均明显高于基本蝙蝠算法（BA）和非线性递减惯性权重的蝙蝠算法（NLDWBA）。证明了改进后的算法“寻优精度”比其他两种算法有明显提高。

3.5.4.3 收敛速度分析

算法的收敛曲线直接反映了算法的收敛速度和算法跳出局部极值的能力，是衡量算法性能的重要指标。本小节把测试函数分为均能被三种算法找到全局最优解的函数、单峰函数和多峰函数三组，分别分析三种算法的收敛性能。

根据 3.5.4.2 节的实验结果可知，对于测试函数 $f_4(x)$，$f_7(x)$，$f_9(x)$，$f_{10}(x)$ 和 $f_{12}(x)$，三种算法均能够找到全局最优解。下面分析三种算法运行这 5 个测试函数的收敛曲线，如图 3-4 至图 3-8 所示。

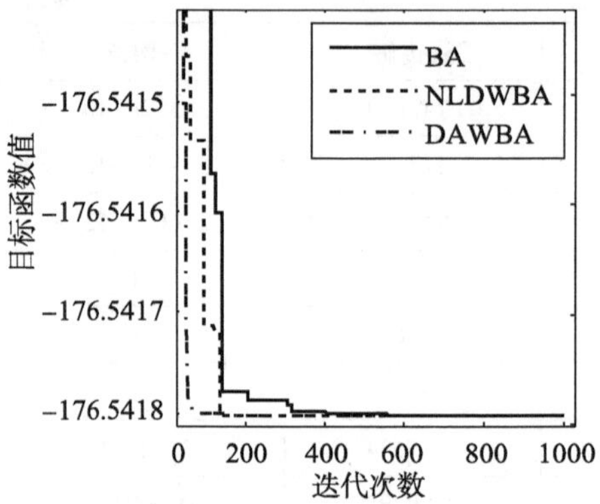

图 3-4 Hansen 函数的收敛曲线

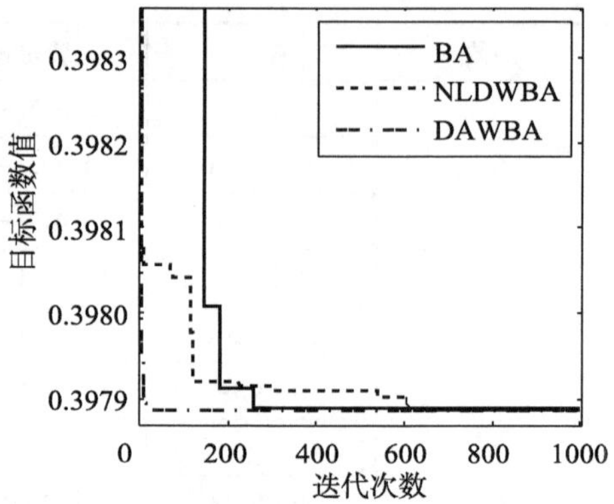

图 3-5 Branin 函数的收敛曲线

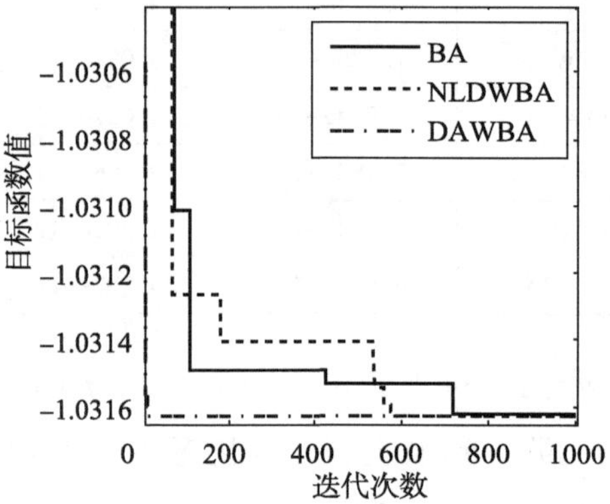

图 3-6 Six-Hump Camel-Back 函数的收敛曲线

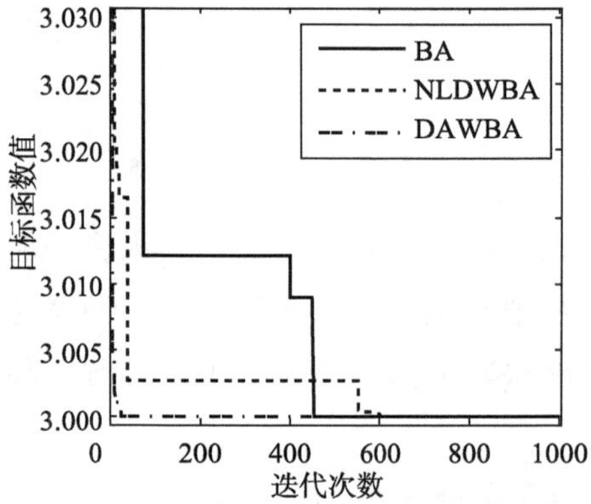

图 3-7 Goldstein-Price 函数的收敛曲线

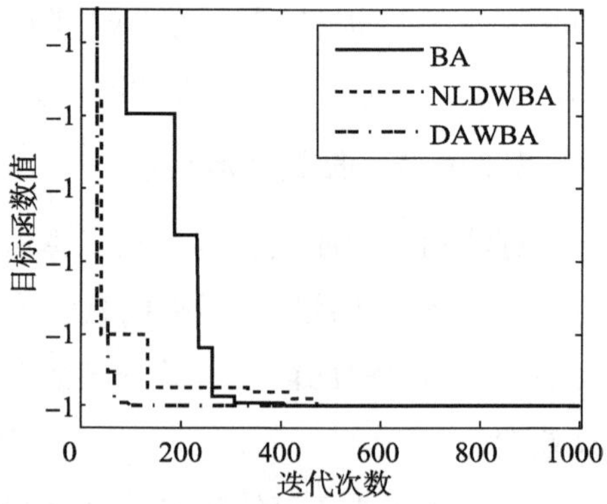

图 3-8 Easom 函数的收敛曲线

对于测试函数$f_4(x)$，$f_7(x)$，$f_9(x)$，$f_{10}(x)$和$f_{12}(x)$，虽然三种算法均能顺利找到全局最优解，但分析它们的寻优曲线（图3-4至图3-8）发现，本节改进后的蝙蝠算法（DAWBA）在图中出现拐点的次数较少，说明改进后的算法陷入局部极值的次数少于其他两种算法，并且改进后的蝙蝠算法（DAWBA）在40~100代就能够最终收敛，收敛速度远快于另外两种算法。

函数$f_1(x)$，$f_2(x)$，$f_{11}(x)$和$f_{14}(x)$为单峰函数，三种算法的收敛曲线如图3-9至图3-12所示。

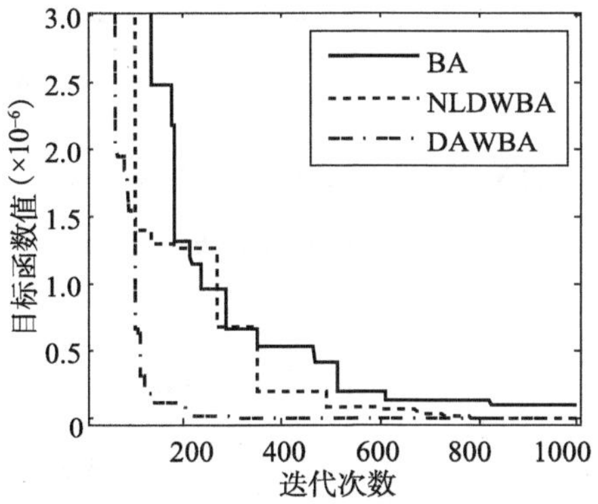

图3-9　Sphere函数的收敛曲线

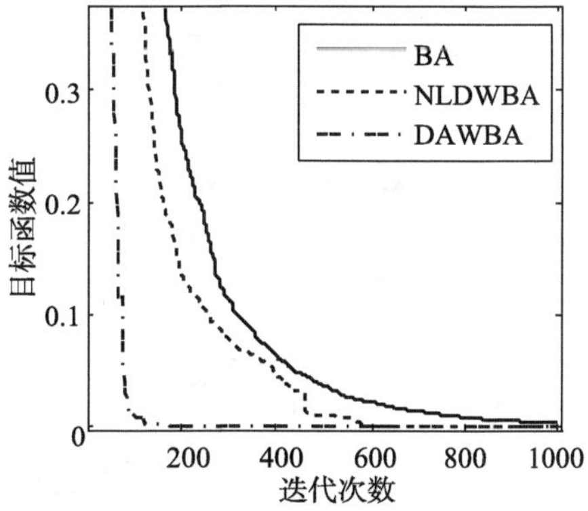

图3-10　Ronsenbrock函数的收敛曲线

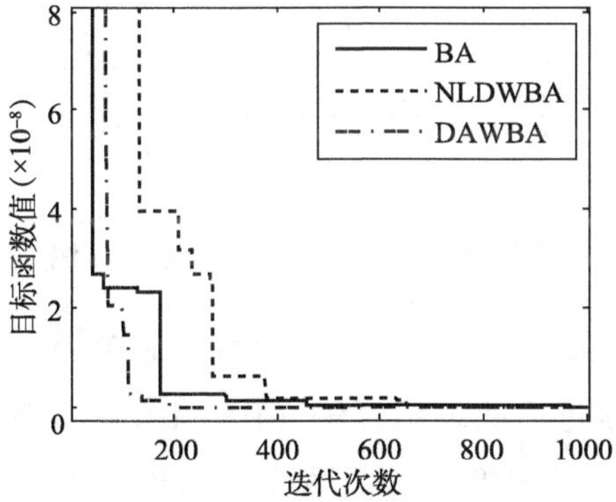

图3-11　Booth's函数的收敛曲线

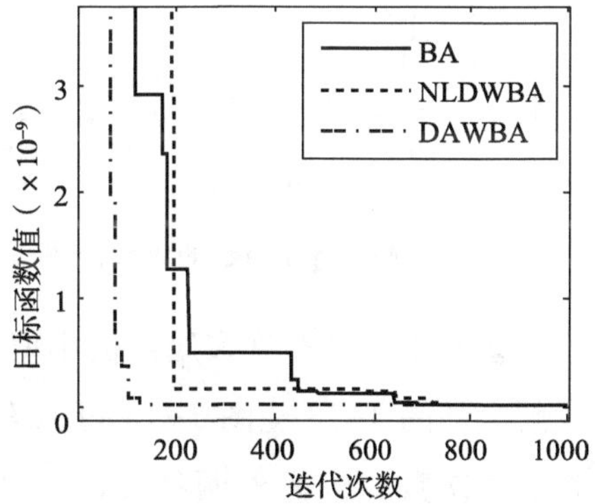

图3-12　Matyas函数的收敛曲线

从图3-9至图3-12可以看出，改进后的蝙蝠算法（DAWBA）出现拐点的次数少于另外两种算法，且能够在100~300代内最终收敛，而其他两种算法在600~1000代才能最终收敛。

函数$f_3(x)$，$f_5(x)$，$f_6(x)$，$f_8(x)$，$f_{13}(x)$和$f_{15}(x)$为多峰函数，三种算法的收敛曲线如图 3-13 至图 3-18 所示。

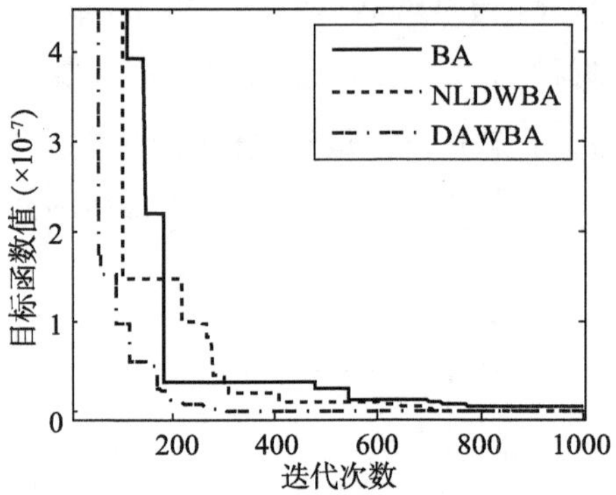

图 3-13　Griewank 函数的收敛曲线

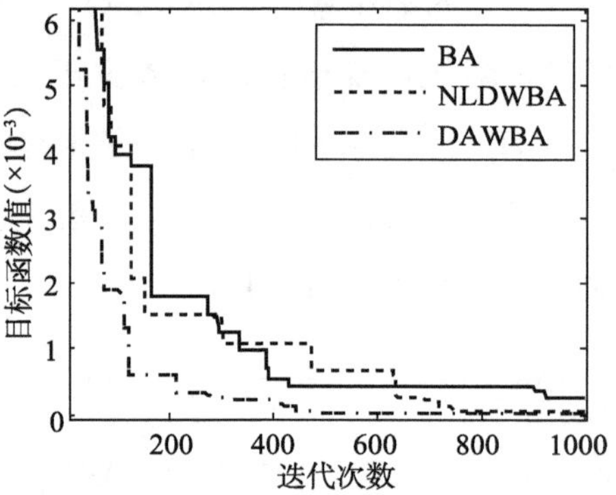

图 3-14　Schwefel's problem 2. 22 函数的收敛曲线

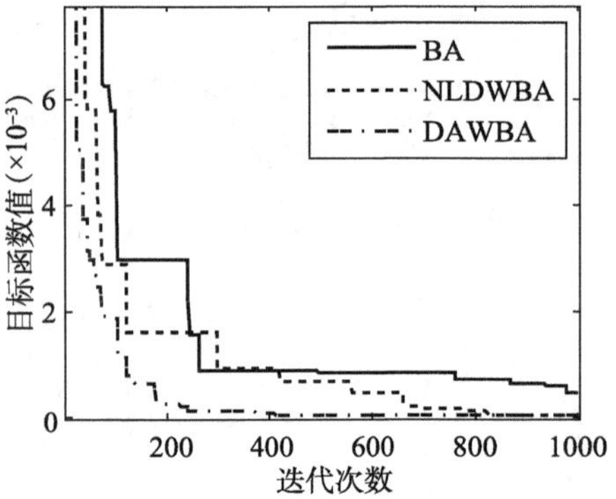

图 3-15　Ackley's 函数的收敛曲线

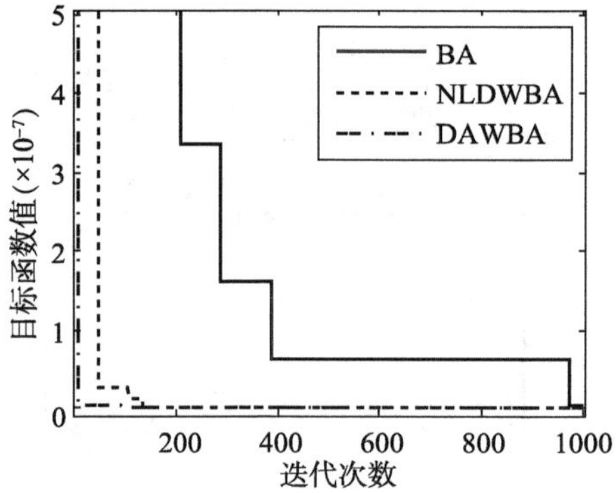

图 3-16　Rastrigin 函数的收敛曲线

多峰函数存在许多局部极小值，算法容易早熟收敛，极难找到全局最优解。从图 3-13 至图 3-18 可以看出改进后的蝙蝠算法（DAWBA）出现拐点的次数少于另外两种算法，即陷入局部极值的次数少于另外两种算法，同时改进后的蝙蝠算法（DAWBA）能够在短时间内跳出局部极值，继续快速向下收敛。

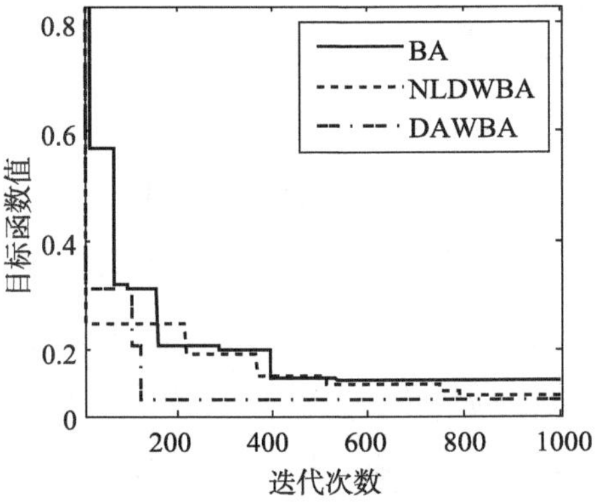

图 3-17 Bukin 函数的收敛曲线

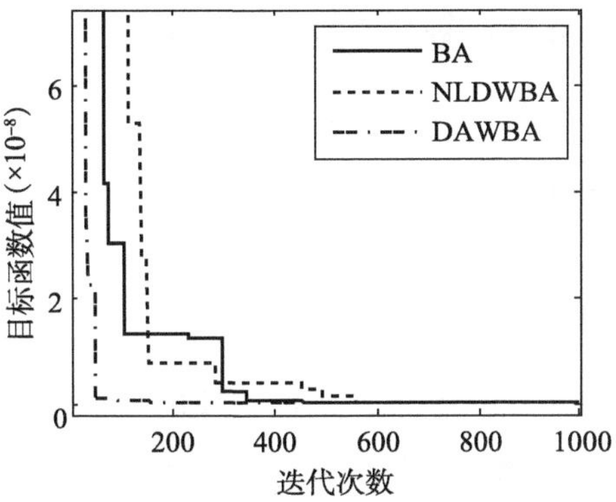

图 3-18 Three-hump camel 函数的收敛曲线

综上所述，改进后的蝙蝠算法（DAWBA）很少出现震荡现象，且均有较快的收敛速度。这是因为随机的惯性权重使每一代内的蝙蝠速度不同，降低了算法陷入局部极值的概率。同时，当算法后期陷入局部极值时，速度纠正因子函数可根据实时情况，约束蝙蝠个体的移动速度，从而能够快速跳出局部极值。两者相互配合使改进后的蝙蝠算法能够快速向下收敛。

3.6 融合均匀变异与高斯变异的蝙蝠优化算法

本节主要研究种群的移动方式，以及新加入的两种变异移动方式，同时为了使原有的移动方式与新加入的移动方式能够相互配合、同时运行，设计了变异开关函数，该函数控制蝙蝠个体是否发生变异。在算法前期部分蝙蝠个体进行均匀变异，其余按照原有方式移动，两种方式的结合，加快了种群搜索最优解区域的速度。在算法后期部分蝙蝠个体进行高斯变异，高斯变异能够使种群跳出局部极值，继续深度搜索。三种移动方式相结合提高了种群移动方式的多样性。仿真结果表明，改进后算法在不同维数下的寻优性能均有大幅度提高。

3.6.1 算法的基本思想

通过分析蝙蝠算法的基本理论和数学模型发现，随着算法迭代次数的增加，蝙蝠种群越来越靠近局部最优解，种群聚集现象在算法后期比较严重，蝙蝠的速度逐渐减小并趋于0。这导致算法后期易陷入局部极值而停滞不前，会降低算法整体的收敛速度和寻优精度。这种现象是由于蝙蝠算法缺乏避免陷入局部极值的机制和有效跳出局部极值的方法。为了解决这个问题，本节在基本蝙蝠算法中融入了均匀变异和高斯变异两种变异机制，利用均匀变异和高斯变异的特性，使算法能够在前期快速探索整个搜索空间，后期能够在局部极值附近深度搜索，旨在提高算法的寻优精度和收敛速度。同时设计了变异开关函数，控制蝙蝠个体是否进行变异移动，使变异合理地发生在整个寻优过程中。基于上述改进优化思想，本节提出一种融合均匀变异与高斯变异的蝙蝠优化算法（bat optimal algorithm combined uniform mutation with Gaussian mutation，简记为 UGBA）。[33] 仿真结果表明，改进后算法的寻优性能显著提高，具有较快的收敛速度和较高的收敛精度。

3.6.2 算法的改进策略

3.6.2.1 变异开关函数

设置变异开关函数的目的是使种群中的所有蝙蝠个体都有机会发生变异移动，从而使算法在整个寻优过程中都能够保持较高的活跃性。在算法运行过程中，如果满足变异条件，则对当前蝙蝠个体进行变异操作。变异开关函数表达式如下：

$$switch(i)=\varphi+\mu*\frac{e^{\left(\frac{n(i-1)}{N}\right)}-1}{e^{n}-1}+rand-1 \tag{3-13}$$

其中，n 为函数的维数，N 为蝙蝠的种群规模。如果 $0<switch(i)<1$，就对第 i 只蝙蝠进行变异操作。经仿真发现，当 $\varphi\in[0.4,\ 0.6]$，$\mu\in[0.1,\ 0.5]$时，种群中约有二分之一的蝙蝠会发生变异，此时算法的寻优性能最佳。在算法的整个搜索过程中，每只蝙蝠都有机会发生变异，这种

机制打破了传统的只在算法后期对全局最优个体进行变异[34]的界限。图 3-19为一次 40 只蝙蝠的 *switch*(i)值的变化情况。

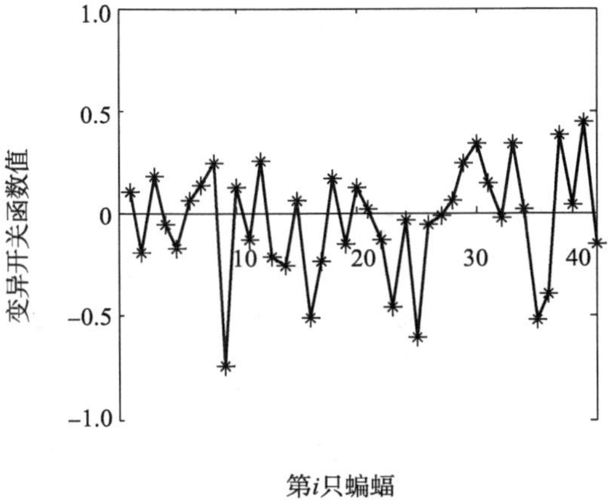

图 3-19　触发函数值的变化规律

从图 3-19 中可以看出，种群中大约有二分之一的蝙蝠会发生变异。这些发生变异的蝙蝠个体分散在算法的任何搜索阶段，增强了种群在整个寻优过程中的活跃性和多样性。

为了验证 *switch*(i)是否影响算法的寻优性能，设计了原有算法（UGBA）与删除 *switch*(i)的算法（UGBA Without *switch*(i)，WS）分别运行 5 个测试函数[35,36]（维数 $n=30$），两种算法分别运行 5 个测试函数各 50 次，取平均值进行比较，结果如表 3-2 所示。

表 3-2　UGBA 与 WS 的仿真结果

算法	函数				
	$f_1(x)$	$f_2(x)$	$f_3(x)$	$f_4(x)$	$f_5(x)$
UGBA	5.661e−90	5.215e−15	0	2.224e−20	0
WS	6.318e−15	2.935e−07	6.215e−12	7.917e−17	7.917e−17

为了能够更直观地反映删除 *switch*(i)前后的收敛情况，本书选取 UGBA 与 WS 运行函数$f_1(x)$的收敛曲线进行对比，如图 3-20 所示。

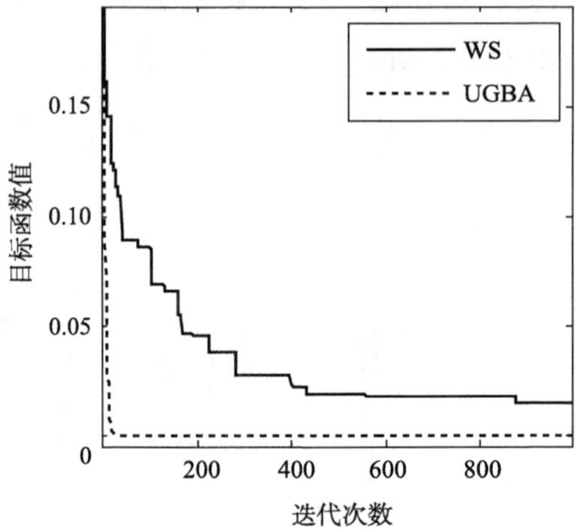

图 3-20　UGBA 与 WS 运行 $f_1(x)$ 的收敛曲线

从表 3-2 和图 3-20 可以看出，删除了 *switch*(*i*)之后，算法的收敛精度和收敛速度大幅下降，算法陷入局部最优解的次数明显增多，证明了 *switch*(*i*)能够提高算法的寻优性能。

3.6.2.2　变异过程分析

蝙蝠算法的寻优过程可以分为两个阶段，即前期探索搜索空间和后期在局部最优解附近深度挖掘全局最优解。基本蝙蝠算法在搜索前期利用声波频率来控制蝙蝠个体的移动速度和位置，能够按部就班地探索搜索空间，但一个参数控制种群的移动速度和位置缺乏多样性，探索速度还有待提高。在后期深度挖掘过程中，种群速度逐渐趋于 0，出现种群聚集现象，导致算法进入“假死”状态，既耗费时间又没有实际搜索结果，降低了算法的寻优效率。针对上述问题，受鲁姝颖[37]启发，将均匀变异与高斯变异融入蝙蝠算法的整个寻优过程。在算法前期，蝙蝠种群中有一部分蝙蝠个体满足 3.6.2.1 节设计的变异开关函数的变异条件，利用均匀变异大步向最优解区域移动，其余蝙蝠继续按照原来的移动方式向最优解区域靠近。两种移动方式的结合，加快了种群搜索最优解区域的速度，缩短了前期搜索的迭代次数并减少了算法陷入局部极值的次数。利用均匀变异移动的位置更新公式如下：

$$x_i(t)=(1+\tau)*x_i(t),\ rand\leqslant\left(1-\frac{t}{T_{max}}\right) \tag{3-14}$$

其中，τ 是在［0，1］上服从均匀分布的随机变量。在算法后期，对满足变异条件的蝙蝠个体进行高斯变异。高斯分布的概率密度函数图像关于期望对称，函数曲线下约99.8%的面积在期望左右三倍标准差的范围内，即所得的随机数集中在以期望为中心的局部区域。因此，高斯分布变异可以使蝙蝠个体在当前最优解附近产生小幅度变异，在后期算法停滞时，使算法能够跳出局部极值，继续向下收敛，提高了算法的寻优精度。本节根据高斯分布概率密度函数构造了高斯变异函数 $GMF_i(t)$（Gaussian mutation function），具体函数表达式如下：

$$GMF_i(t)=\frac{1}{\sqrt{2\pi}\sigma}e^{\left(-\frac{(x_*-x_i^t)^2}{2\sigma^2}\right)} \tag{3-15}$$

其中，x_* 表示当前全局最优解，σ 表示高斯分布标准差。在算法后期，x_* 像磁铁一样，把整个蝙蝠种群都吸向自己，造成算法陷入局部极值，停滞不前。这时通过 $GMF_i(t)$ 的扰动，种群能够脱离当前全局最优解 x_* 的吸引，既提高了算法后期跳出局部极值的能力也减少了陷入局部极值的次数。利用高斯变异移动的位置更新公式如下：

$$x_i(t)=GMF_i(t)*x_i(t),\ rand\leqslant\left(1-\frac{t}{T_{max}}\right) \tag{3-16}$$

从公式（3-14）和（3-16）可以看出，均匀变异和高斯变异分别嵌入了算法的前期和后期，两者互相配合协作，不仅加快了算法向最优解区域靠近的速度，而且提高了算法跳出局部极值的能力和寻优精度。综上所述，两种变异的融入提高了蝙蝠算法的寻优性能。

3.6.3 算法流程

步骤1　随机初始化蝙蝠种群 $x_i(i=1,\ 2,\ \cdots,\ N)$，声波频率的最小值 $f_{\min}$ 和最大值 $f_{\max}$，蝙蝠的速度 v_i，蝙蝠发出的超声波强度 A_i^t 和脉冲发射频率 r_i。

步骤2　根据目标函数 $f(x)$，$x=(x_1,\ x_2,\ x_3,\ \cdots,\ x_N)^T$，求出每只蝙

蝠的目标函数值，并找出当前最优的值。记录最优值蝙蝠的位置为 x_*。

步骤 3　根据公式（3-13）判断蝙蝠个体是否变异，如果 $0<switch(i)<1$，跳转到步骤 4，否则跳转到步骤 5。

步骤 4　根据公式（3-14）、（3-15）、（3-16）进行变异操作。

步骤 5　蝙蝠个体根据公式（3-3）、（3-4）更新其速度和位置。

步骤 6　把通过步骤 4 或步骤 5 更新出来的蝙蝠个体 x_i 代入目标函数并求其函数值，如果 $f(x_i)<f(x_*)$，那么就把 x_i 记作当前最优位置 x_*。

步骤 7　产生一个随机数 $rand$，如果 $rand>r_i$，那么利用公式（3-4）在最优解附近产生一个局部新解 x_{new}。

步骤 8　产生一个随机数，如果 $rand<A_i \& f(x_{new})<f(x_*)$，那么就把步骤 7 产生的新解记为当前最优解 x_*。按照公式（3-5）、（3-6）更新声波强度 A_i^t 和脉冲发射频率 r_i。

步骤 9　把种群中蝙蝠个体的适应度值进行排序，筛选出这一代的最优值 x_*。

步骤 10　重复步骤 3 至步骤 9 的迭代过程，直到求出满足精度要求的解或算法达到设定的最大迭代次数。

步骤 11　输出全局最优解。

3.6.4　数值仿真与分析

为了测试改进后算法的寻优性能，设计了仿真实验。本节选取基本蝙蝠算法（BA）[38]、Improved bat algorithm based on differential operator and Lévy flights trajectory（DLBA）[39]和 Improved bat algorithm（IBA）[40]与本文提出的融合均匀变异和高斯变异的蝙蝠算法（UGBA）通过 9 个经典测试函数[35,36]进行对比仿真。

3.6.4.1　测试函数

具体测试函数如下。

（1）Sphere 函数：

$$f_1(x) = \sum_{i=1}^{n} x_i^2$$

该函数在（0，…，0）处取得最小值0。

（2）Schwefel's problem 2. 22 函数：

$$f_2(x) = \sum_{i=1}^{n} |x_i| + \prod_{i=1}^{n} |x_i|$$

该函数在（0，…，0）处取得最优值0。

（3）Griewank 函数：

$$f_3(x) = 1 + \frac{1}{4000}\sum_{i=1}^{n} x_i^2 - \prod_{i=1}^{n} \cos\left(\frac{x_i}{\sqrt{i}}\right)$$

该函数在（0，…，0）处取得最小值0。

（4）Ackley's 函数：

$$f_4(x) = 20 + e - 20\exp\left(-0.2\sqrt{\frac{1}{n}\sum_{i=1}^{n} x_i^2}\right) - \exp\left[\frac{1}{n}\sum_{i=1}^{n}\cos(2\pi x_i)\right]$$

该函数在（0，…，0）处取得最小值0。

（5）Rastrigin 函数：

$$f_5(x) = \sum_{i=1}^{n} [x_i^2 - 10\cos(2\pi x_i) + 10]$$

该函数在（0，…，0）处取得最小值0。

（6）Ronsenbrock 函数：

$$f_6(x) = \sum_{i=1}^{n-1} [100(x_{i+1} - x_i^2)^2 + (x_i - 1)^2]$$

该函数在（1，…，1）处取得最小值0。

（7）Booth's 函数：

$$f_7(x) = (x_1+2x_2-7)^2+(2x_1+x_2-5)^2$$

该函数在（1，3）处取得最小值0。

（8）Easom 函数：

$$f_8(x) = -\cos(x_1)\cos(x_2)\exp\{-[(x_1-\pi)^2+(x_2-\pi)^2]\}$$

该函数在（$-\pi$，π）处取得最小值-1。

（9）Six-Hump Camel-Back 函数：

$$f_9(x) = 4x_1^2-2.1x_1^4+\frac{x_1^6}{3}+x_1x_2-4x_2^2+4x_2^4$$

该函数在（-0.0898，0.7126）和（0.0898，-0.7126）处取得最小值-1.0316。

在这9个测试函数中，$f_1(x)$，$f_2(x)$，$f_7(x)$和$f_8(x)$为单峰函数，其中$f_2(x)$的全局最优解被局部极值环绕，很难找到全局最优解；$f_3(x)$，$f_4(x)$，$f_5(x)$，$f_6(x)$和$f_9(x)$为多峰函数，其中$f_3(x)$和$f_4(x)$的局部极值非常多，$f_5(x)$的局部极值数量随着维数的增加而增加。这9个测试函数有单峰函数也有多峰函数且最优解分布各具特点，都有一定的求解难度，因此适合测试算法的寻优性能。

3.6.4.2 寻优精度分析

算法的收敛速度和寻优精度会随着问题维数的增加而衰减，为了测试本小节改进后算法（UGBA）的寻优性能和在不同复杂度问题上的适用性，实验将函数的维数分别设置为$n=10$，30，50，100。四种算法在不同维数下运行9个测试函数。四种算法的基本参数保持一致，保证了实验的公平性与客观性。即种群规模$N=40$，声波强度$A_0=0.25$，脉冲发射频率$r_0=0.5$，参数$\alpha=0.9$。四种算法的最大迭代次数均设置为1000代。实验中，四种算法分别在不同的维数上运行9个测试函数各50次，实验获得了较多的数据样本，保证了实验的有效性。在此分别统计了不同维数下四种算法的最差解、最优解和平均值，具体仿真结果如表3-3到表3-11所示。

表3-3 四种算法对f_1的仿真结果

维数	算法	最差解	最优解	平均值
10	BA	5.903e-07	1.732e-07	3.290e-07
	DLBA	3.157e-20	2.030e-20	2.614e-20
	IBA	4.567e-21	5.217e-22	1.029e-21
	UGBA	**0**	**0**	**0**
30	BA	8.069e-06	3.418e-06	4.901e-06
	DLBA	5.597e-18	1.957e-18	3.669e-18
	IBA	5.997e-19	4.234e-19	4.579e-19
	UGBA	**8.375e-90**	**3.657e-90**	**5.661e-90**

续表

维数	算法	最差解	最优解	平均值
50	BA	2. 074e-05	1. 076e-05	1. 460e-05
	DLBA	3. 914e-16	1. 021e-16	2. 091e-16
	IBA	7. 917e-17	5. 267e-17	6. 914e-17
	UGBA	**9. 411e-86**	**6. 197e-86**	**8. 232e-86**
100	BA	7. 663e-04	3. 680e-04	5. 060e-04
	DLBA	4. 319e-14	2. 034e-14	3. 109e-14
	IBA	5. 391e-15	1. 009e-15	4. 134e-15
	UGBA	**3. 253e-80**	**2. 158e-81**	**8. 341e-81**

表 3-4 四种算法对 f_2 的仿真结果

维数	算法	最差解	最优解	平均值
10	BA	0. 002851	0. 001016	0. 001743
	DLBA	7. 834e-15	5. 792e-15	6. 797e-15
	IBA	6. 637e-15	2. 167e-15	3. 457e-15
	UGBA	**5. 035e-20**	**2. 413e-20**	**3. 495e-20**
30	BA	0. 079594	0. 012655	0. 072501
	DLBA	5. 121e-13	3. 114e-13	4. 015e-13
	IBA	2. 171e-13	8. 124e-14	9. 491e-14
	UGBA	**8. 526e-15**	**3. 679e-15**	**5. 215e-15**
50	BA	2. 557401	0. 647940	1. 540100
	DLBA	5. 214e-10	1. 281e-10	3. 994e-10
	IBA	2. 147e-10	2. 014e-10	2. 013e-10
	UGBA	**3. 021e-12**	**1. 512e-12**	**2. 236e-12**
100	BA	4. 309401	2. 804021	3. 560981
	DLBA	9. 124e-08	6. 249e-08	7. 183e-08
	IBA	5. 215e-08	1. 027e-08	3. 019e-08
	UGBA	**7. 024e-10**	**4. 697e-10**	**5. 516e-10**

表 3-5 四种算法对 f_3 的仿真结果

维数	算法	最差解	最优解	平均值
10	BA	3. 561e-08	1. 703e-08	2. 501e-08
	DLBA	6. 840e-15	2. 172e-15	4. 934e-15
	IBA	7. 101e-15	5. 631e-15	6. 251e-15
	UGBA	**0**	**0**	**0**
30	BA	7. 421e-07	1. 368e-07	3. 201e-07
	DLBA	3. 471e-14	1. 204e-14	2. 019e-14
	IBA	4. 521e-14	2. 049e-14	3. 343e-14
	UGBA	**0**	**0**	**0**
50	BA	1. 117e-06	3. 559e-07	5. 871e-07
	DLBA	7. 154e-11	2. 114e-11	4. 919e-11
	IBA	5. 104e-12	2. 242e-12	3. 661e-12
	UGBA	**0**	**0**	**0**
100	BA	3. 306e-06	1. 283e-06	2. 312e-06
	DLBA	3. 112e-09	8. 179e-10	1. 091e-09
	IBA	4. 121e-10	3. 142e-10	3. 317e-10
	UGBA	**0**	**0**	**0**

表 3-6 四种算法对 f_4 的仿真结果

维数	算法	最差解	最优解	平均值
10	BA	1. 868e-05	8. 312e-05	1. 501e-05
	DLBA	7. 214e-19	2. 157e-19	4. 527e-19
	IBA	4. 354e-20	2. 927e-20	3. 561e-20
	UGBA	**5. 817e-22**	**3. 472e-22**	**4. 537e-22**
30	BA	5. 131e-05	3. 201e-05	2. 831e-05
	DLBA	6. 147e-17	2. 891e-17	4. 617e-17
	IBA	5. 617e-18	2. 927e-18	4. 657e-18
	UGBA	**4. 524e-20**	**2. 224e-20**	**3. 312e-20**
50	BA	3. 314e-04	1. 413e-04	2. 330e-04
	DLBA	8. 147e-14	5. 781e-14	6. 149e-14
	IBA	5. 279e-14	2. 472e-14	3. 671e-14
	UGBA	**6. 452e-16**	**2. 151e-16**	**4. 025e-16**

续表

维数	算法	最差解	最优解	平均值
100	BA	3.845e-03	1.540e-03	2.671e-03
	DLBA	4.172e-11	3.427e-11	3.661e-11
	IBA	9.141e-12	5.237e-12	6.631e-12
	UGBA	**7.985e-12**	**4.316e-12**	**5.253e-12**

表 3-7　四种算法对 f_5 的仿真结果

维数	算法	最差解	最优解	平均值
10	BA	1.972e-10	3.553e-11	6.790e-10
	DLBA	9.157e-14	5.148e-14	7.541e-14
	IBA	5.781e-15	3.678e-15	4.497e-15
	UGBA	**0**	**0**	**0**
30	BA	5.687e-08	2.417e-08	3.678e-08
	DLBA	7.915e-12	3.918e-12	5.678e-12
	IBA	5.913e-13	2.914e-13	4.289e-13
	UGBA	**0**	**0**	**0**
50	BA	5.218e-06	2.189e-06	4.827e-06
	DLBA	7.934e-10	2.394e-10	5.917e-10
	IBA	5.694e-11	2.891e-11	4.957e-11
	UGBA	**0**	**0**	**0**
100	BA	5.264e-04	3.217e-04	4.251e-04
	DLBA	4.165e-08	2.657e-08	3.457e-08
	IBA	5.921e-09	2.924e-09	4.657e-09
	UGBA	**0**	**0**	**0**

表 3-8　四种算法对 f_6 的仿真结果

维数	算法	最差解	最优解	平均值
10	BA	8.621e-08	9.645e-09	5.264e-08
	DLBA	9.818e-12	3.424e-12	6.868e-12
	IBA	5.799e-13	8.795e-14	3.125e-13
	UGBA	**9.425e-15**	**5.678e-15**	**6.969e-15**

续表

维数	算法	最差解	最优解	平均值
30	BA	2. 294e-06	2. 502e-07	1. 630e-06
	DLBA	4. 326e-10	1. 234e-10	2. 315e-10
	IBA	9. 120e-11	2. 196e-11	4. 098e-11
	UGBA	**4. 149e-13**	**1. 754e-13**	**2. 537e-13**
50	BA	6. 124e-04	2. 516e-04	4. 159e-04
	DLBA	5. 681e-08	2. 597e-08	3. 645e-08
	IBA	5. 627e-09	2. 768e-09	4. 016e-09
	UGBA	**5. 391e-12**	**2. 991e-12**	**3. 617e-12**
100	BA	0. 081567	0. 035925	0. 56912
	DLBA	4. 159e-06	2. 036e-06	3. 624e-06
	IBA	5. 128e-07	2. 697e-07	3. 691e-07
	UGBA	**9. 427e-10**	**5. 291e-10**	**7. 549e-10**

表 3-9　四种算法对 f_7 的仿真结果

维数	算法	最差解	最优解	平均值
10	BA	4. 542e-09	1. 047e-09	2. 367e-09
	DLBA	7. 626e-14	3. 849e-14	5. 125e-14
	IBA	5. 124e-15	1. 982e-15	3. 491e-15
	UGBA	**5. 214e-17**	**3. 159e-17**	**4. 060e-17**
30	BA	3. 426e-07	1. 854e-07	2. 521e-07
	DLBA	7. 526e-13	1. 249e-13	4. 662e-13
	IBA	3. 131e-14	2. 302e-14	2. 737e-14
	UGBA	**2. 898e-14**	**1. 775e-14**	**1. 972e-14**
50	BA	9. 364e-06	5. 218e-06	6. 656e-06
	DLBA	4. 906e-11	3. 368e-11	4. 001e-11
	IBA	3. 021e-12	1. 512e-12	2. 236e-12
	UGBA	**5. 018e-13**	**8. 569e-14**	**2. 472e-13**
100	BA	4. 309e-04	2. 804e-04	3. 560e-04
	DLBA	1. 746e-09	4. 142e-09	3. 176e-09
	IBA	6. 022e-10	3. 791e-10	4. 526e-10
	UGBA	**9. 465e-11**	**5. 641e-11**	**7. 054e-11**

表 3-10 四种算法对 f_8 的仿真结果

维数	算法	最差解	最优解	平均值
10	BA	1	1	1
	DLBA	1	1	1
	IBA	1	1	1
	UGBA	1	1	1
30	BA	1	1	1
	DLBA	1	1	1
	IBA	1	1	1
	UGBA	1	1	1
50	BA	1	1	1
	DLBA	1	1	1
	IBA	1	1	1
	UGBA	1	1	1
100	BA	1	1	1
	DLBA	1	1	1
	IBA	1	1	1
	UGBA	1	1	1

表 3-11 四种算法对 f_9 的仿真结果

维数	算法	最差解	最优解	平均值
10	BA	-1.0316	-1.0316	-1.0316
	DLBA	-1.0316	-1.0316	-1.0316
	IBA	-1.0316	-1.0316	-1.0316
	UGBA	**-1.0316**	**-1.0316**	**-1.0316**
30	BA	-1.0316	-1.0316	-1.0316
	DLBA	-1.0316	-1.0316	-1.0316
	IBA	-1.0316	-1.0316	-1.0316
	UGBA	**-1.0316**	**-1.0316**	**-1.0316**
50	BA	-1.0316	-1.0316	-1.0316
	DLBA	-1.0316	-1.0316	-1.0316
	IBA	-1.0316	-1.0316	-1.0316
	UGBA	**-1.0316**	**-1.0316**	**-1.0316**

续表

维数	算法	最差解	最优解	平均值
100	BA	-1.0316	-1.0316	-1.0316
	DLBA	-1.0316	-1.0316	-1.0316
	IBA	-1.0316	-1.0316	-1.0316
	UGBA	**-1.0316**	**-1.0316**	**-1.0316**

由表 3-3 至表 3-11 可以看出，在相同维数下，UGBA 的寻优精度明显高于 BA、DLBA 和 IBA。在不同维数下，对于函数$f_1(x)$，$f_2(x)$，$f_4(x)$，$f_6(x)$和$f_7(x)$，BA、DLBA、IBA 和 UGBA 的寻优精度随着维数的增加而降低。但 UGBA 的收敛速度仍明显高于 BA、DLBA 和 IBA。对于函数$f_3(x)$和$f_5(x)$，UGBA 的寻优精度并没有随着维数的增加而衰减，始终可以找到相应函数的全局最优解。对于函数$f_8(x)$和$f_9(x)$，四种算法在不同维数下均能找到全局最优解。下一节将对比分析这两个函数的收敛曲线。仿真结果表明，在 10 维、30 维、50 维和 100 维的测试函数上，改进后的蝙蝠算法（UGBA）均表现出了广泛的适应性，充分证明了改进后蝙蝠算法（UGBA）的收敛速度有了很大的提高。

3.6.4.3 收敛曲线分析

算法的收敛曲线是衡量算法性能的重要指标。下面给出四种算法在维数 $n=30$ 下的 9 个测试函数的收敛曲线，分别如图 3-21 至图 3-29 所示。

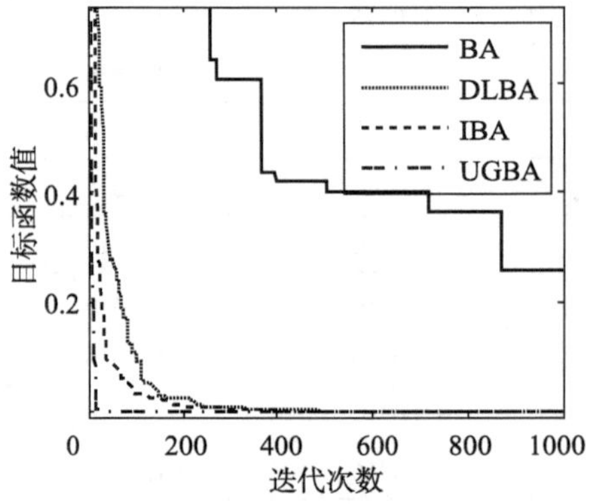

图 3-21 Sphere 函数的收敛曲线

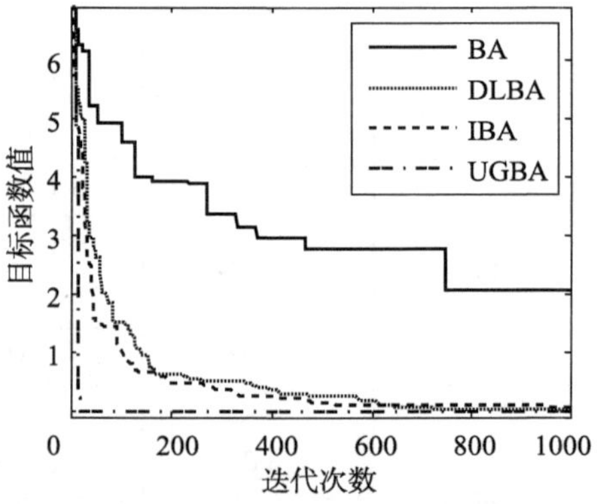

图 3-22 Schwefel's problem 2.22 函数的收敛曲线

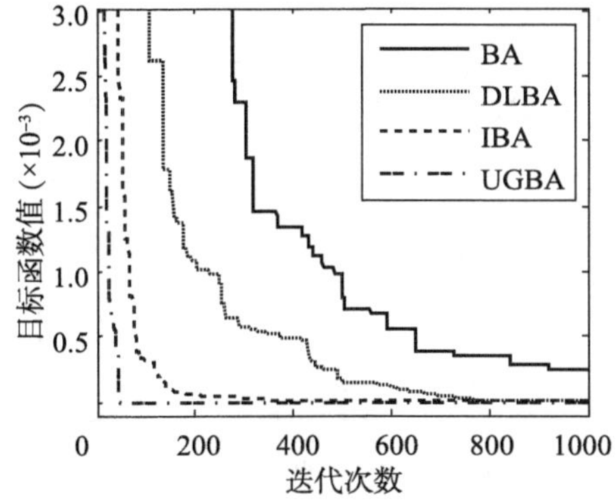

图 3-23 Griewank 函数的收敛曲线

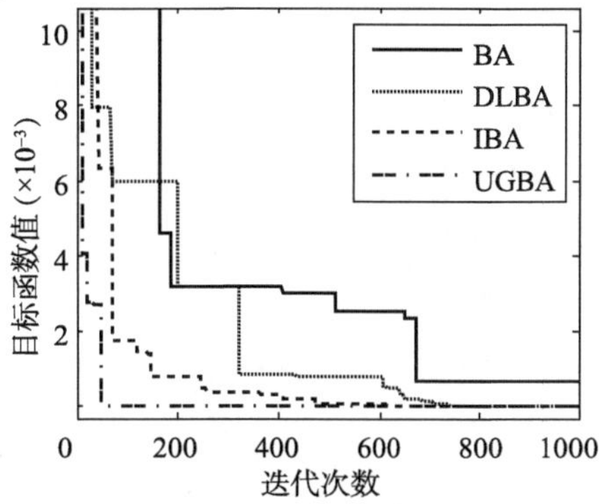

图 3-24 Ackley's 函数的收敛曲线

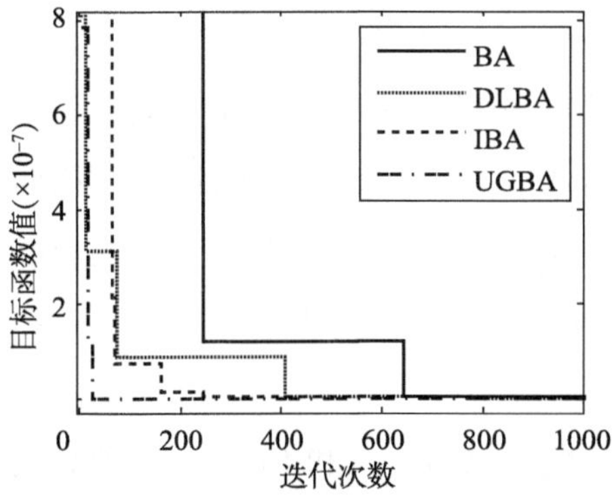

图 3-25 Rastrigin 函数的收敛曲线

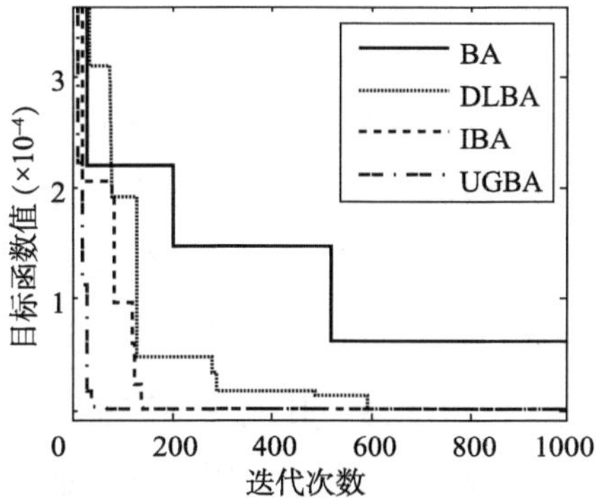

图 3-26 Ronsenbrock 函数的收敛曲线

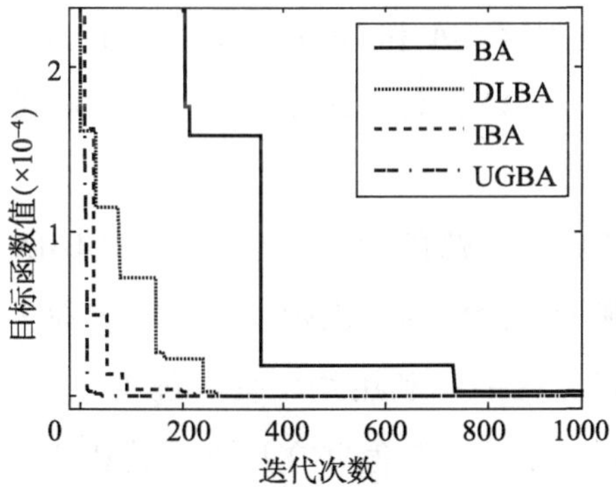

图 3-27 Booth's 函数的收敛曲线

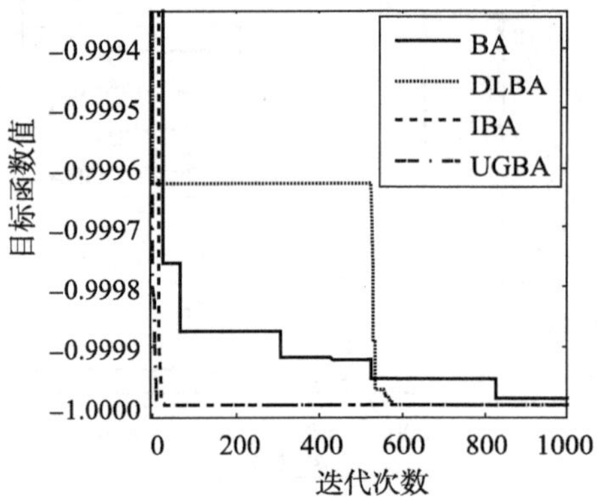

图 3-28　Easom 函数的收敛曲线

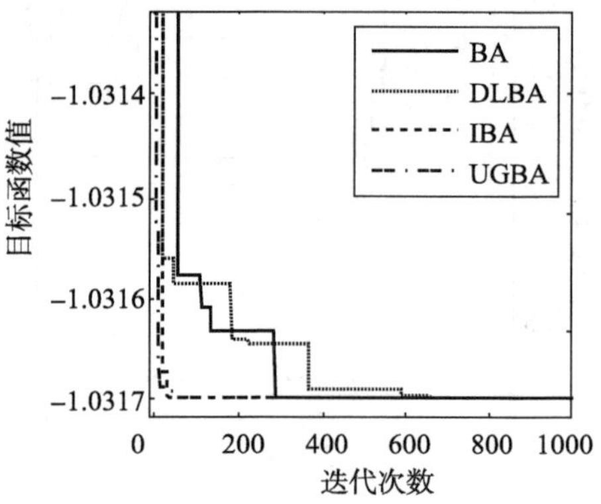

图 3-29　Six-Hump Camel-Back 函数的收敛曲线

从图 3-21 至图 3-27 可以看出，UGBA 的收敛曲线几乎垂直向下，很少出现拐点，而其他三种算法的收敛曲线呈现阶梯型或者曲线型，说明 UGBA 陷入局部极值的次数少于其他三种算法。UGBA 在 50 代之内就能够最终收敛，而其他三种算法在 300～1000 代才能最终收敛，这说明 UGBA 的收敛速度快于其他三种算法。

根据 3.6.4.2 节的仿真结果可知，对于函数 $f_8(x)$ 和 $f_9(x)$，四种算法均能找到全局最优解。下面分析这两个函数的收敛曲线。

从图 3-28 和图 3-29 中可以看出，UGBA 出现拐点的次数远少于 BA 和 DLBA，收敛速度远快于 BA 和 DLBA，UGBA 和 IBA 的收敛曲线几乎重合，其收敛速度稍快于 IBA。总体来说，UGBA 的收敛速度快于其他三种算法。

综上所述，分析四种算法的收敛曲线发现，UGBA 的收敛曲线形态接近垂直向下，出现弧形和阶梯形的次数明显少于其他三种算法。这是因为算法根据变异开关函数在前期利用均匀变异能够快速收敛到最优解区域，在后期利用高斯变异跳出局部极值并在局部最优附近进行深度挖掘，快速收敛到全局最优解。

3.7 本章小结

本章首先介绍了蝙蝠算法的基本思想和原理，分析了蝙蝠算法的搜索机制。在分析了蝙蝠算法的优化原理之后，对算法的模型进行了详细的描述，并以函数优化为例，具体地给出了利用蝙蝠搜索算法进行求解的基本步骤。其次，对蝙蝠算法的理论与应用研究现状做了较为详细的回顾。最后，本章对基本蝙蝠算法进行了以下优化改进。

（1）在蝙蝠算法速度更新公式中加入随机惯性权重，以此来调节蝙蝠个体的移动速度，使种群的速度具有一定的随机性。加入随机惯性权重后，种群中蝙蝠个体的移动速度值有大有小，蝙蝠种群能够较快地探索整个搜索空间，加快了算法的收敛速度。为了使随机的种群速度能够在最优的范围内，设计了速度纠正因子函数。该函数根据蝙蝠种群在寻优过程中的速度变化规律控制每一代蝙蝠个体的移动速度，使算法在保持一定随机性较高稳定性的同时又具有了一定的自适应性。通过对比基本蝙蝠算法和其他优化算法，仿真结果表明改进后的算法能够提高算法的寻优精度和收敛速度，提高了蝙蝠算法的寻优性能。

（2）为了解决种群聚集现象造成的算法停滞问题，本章在算法中加入两种变异移动方式，在算法前期探寻最优解区域的过程中采用均匀变异；在后期深度挖掘全局最优解的过程中采用高斯变异。两种变异机制相互配合、共同协作，这能够针对前期和后期的不同情况进行有效的移动。同时为了使算法保持较高的种群多样性，需要使一部分蝙蝠个体保留原有的位置更新方式，设计了变异开关函数。该函数控制蝙蝠个体是否进行变异操作，这使所有蝙蝠个体在任何时期都有概率发生变异。原有的更新方式与变异更新方式相结合，使改进后的算法既继承了基本蝙蝠算法的优点，又具有了变异操作的多样性。仿真结果表明，改进后的算法具有较高的可行性、较高的寻优精度和较快的收敛速度。

参 考 文 献

[1] YANG X. A new metaheuristic bat-inspired algorithm [M]. Nature inspired cooperative strategies for optimization (NICSO 2010). Springer, 2010: 65-74.

[2] 张树义，赵辉华，冯江，等．蝙蝠回声定位与捕食对策的研究 [J]. 动物学杂志，1999，(6)：48-51.

[3] 刘长平，叶春明，刘满成．来自大自然的寻优策略：像蝙蝠一样感知 [J]. 计算机应用研究，2013，30 (5)：1320-1322+1356.

[4] GRIFFIN D R. Listening in the dark: The acoustic orientation of bats and men [D]. Comstock Pub. Associates, 1958.

[5] NEUWEILER G. Foraging ecology and audition in echolocating bats [J]. Trends in Ecology & Evolution, 1989, 4 (6): 160-166.

[6] FENTON M B. The foraging behavior and ecology of animal-eating bats [J]. Canadian Journal of Zoology, 2011, 68 (3): 411-422.

[7] 李煜，马良．新型全局优化蝙蝠算法 [J]. 计算机科学，2013，(9)：225-229.

[8] HE X, DING W J, YANG X S. Bat algorithm based on simulated annealing and Gaussian perturbations [J]. Neural Computing& Applications, 2013, 25 (2): 459-468.

[9] WANG X, WANG W, WANG Y. An adaptive bat algorithm [M] // Intelligent Computing Theories and Technology. Springer Berlin Heidelberg, 2013: 216-223.

[10] 肖辉辉，段艳明．基于 DE 算法改进的蝙蝠算法的研究及应用 [J]. 计算机仿真，2014，(1)：272-277，301.

[11] 尹进田，刘云连，刘丽，等．一种高效的混合蝙蝠算法 [J]. 计算机工程与应用，2014，50 (7)：62-66.

[12] 王文，王勇，王晓伟．一种具有记忆特征的改进蝙蝠算法 [J].

计算机应用与软件，2014（11）：257-259.

[13] LUO J，LIU L，WU X. A double-subpopulation variant of the bat algorithm [J]. Applied Mathematics & Computation，2015，263（C）：361-377.

[14] 陈梅雯，钟一文，王李进．一种求解多维全局优化问题的改进蝙蝠算法 [J]. 小型微型计算机系统，2015，12：2749-2753.

[15] 岳小雪，郑云水，林俊亭．自适应变异的蝙蝠算法 [J]. 计算机测量与控制，2015，23（2）：516-519.

[16] TOPAL A O，ALTUN O. A novel meta-heuristic algorithm：Dynamic virtual bats algorithm [J]. Information Sciences，2016，354：222-235.

[17] SHAN X，LIU K，SUN P L. Modified bat algorithm based on lévy flight and opposition based learning [J]. Scientific Programming，2016，2016（2）：1-13.

[18] CHAKRI A，KHELIF R，BENOUARET M，et al. New directional bat algorithm for continuous optimization problems [J]. Expert Systems with Applications，2017，69：159-175.

[19] 宋一民，李煜．基于高斯扰动和指数递减策略的改进蝙蝠算法 [J/OL]. 计算机应用研究：1-7 [2019-06-26]. https：//doi. org/10. 19734/j. issn. 1001-3695. 2018. 10. 0802.

[20] SHARMAS P K M. Radially optimized zone-divided energy-aware wireless sensor networks（WSN）protocol using BA（bat algorithm）[J]. Iete Journal of Research，2015，61（2）：1-10.

[21] GAO M L，SHEN J，YIN L J，et al. A novel visual tracking method using bat algorithm [J]. Neurocomputing，2015，177（C）：612-619.

[22] RAHIMI A，Bavafa F，Aghababaei S，et al. The online parameter identification of chaotic behavior in permanent magnet synchronous motor by self-adaptive learning bat-inspired algorithm [J]. International Journal of Electrical Power & Energy Systems，2016，78：285-291.

[23] KARRI CHIRANJEEVI，JENA U. Fast vector quantization using a Bat algorithm for image compression [J]. Engineering Science & Technolo-

gy. 2016，19：769–781.

[24] WANG G G，CHU H C E，MIRJALILI S. Three-dimensional path-planning for UCAV using an improved bat algorithm [J]. Aerospace Science & Technology，2016，49：231–238.

[25] KHENNAK I，DRIAS H. Bat-inspired algorithm based query expansion for medical web information retrieval [J]. Journal of Medical Systems，2017，41：34.

[26] VEDIKB，CHANDEL A K. Optimal PMU placement for power system observability using Taguchi binary bat algorithm [J]. Measurement，2017，95：8–20.

[27] LIN W M，GOW H J，TSAI M T. An efficient hybrid Taguchi–immune algorithm for the unit commitment problem [J]. Expert Systems with Applications，2011，38 (11)：13662–13669.

[28] 刘景森，吉宏远，李煜．基于改进蝙蝠算法和三次样条插值的机器人路径规划 [J/OL]. 自动化学报：1–10 [2019–06–26]. https：//doi. org/10. 16383/j. aas. c180855.

[29] ZHANG L，YU H，HU S. A new approach to improve particle swarm optimization [M] //Genetic and Evolutionary Computation—GECCO 2003. Springer Berlin Heidelberg，2003：134–139.

[30] 裴宇航，刘景森，李煜．一种动态调整惯性权重的自适应蝙蝠算法 [J]. 计算机科学，2017，44 (6)：240–244.

[31] CHEN Z，ZHOU Y Q，LU M. A simplified-adaptive bat algorithm based on frequency [J]. Journal of Computational Information Systems，2013，9 (16)：6451–6458.

[32] PANT M，THANGARAJ R，ABRAHAM A. Particle swarm optimization using adaptive mutation [C] //Proc of 19th international workshop on database and expert systems application. Turin：IEEE，2008：519 –523.

[33] 李煜，裴宇航，刘景森．融合均匀变异与高斯变异的蝙蝠优化算法 [J]. 控制与决策，2017，32 (10)：1775–1781.

[34] 郑云水，岳小雪，林俊亭．带有高斯变异的混合蛙跳蝙蝠算法［J］．计算机应用研究，2015，12：3629-3633.

[35] JORDEHI A R. Chaotic bat swarm optimization（CBSO）［J］. Applied Soft Computing，2014，26：523-530.

[36] 王皓，欧阳海滨，高立群．一种改进的全局粒子群优化算法［J］．控制与决策，2016，07：1161-1168.

[37] 鲁姝颖．粒子群优化算法的几种改进算法及应用［D］．中国矿业大学，2014.

[38] YANC X S，A H CANDOMI. Bat algorithm：A novel approach for global engineering optimization［M］//engineering computations，2012，29：464-483.

[39] XIE J，ZHOU Y，CHEN H. A novel bat algorithm based on differential operatorand Lévy flights trajectory［J］. Computational Intelligence & Neuroscience，2013，2013：453812.

[40] YILMAZ S，KUCUKSILLE E U. Improved bat algorithm（IBA）on continuous optimization problems［C］International Conference on Software and Computer Applications，2013.

第4章

布谷鸟算法及其改进

4.1 引言

布谷鸟算法是一种模拟布谷鸟繁殖行为的群智能算法。2009 年，Yang 等人模拟布谷鸟产卵寻找寄生巢仿生行为，提出了一种新的群智能优化算法——布谷鸟搜索算法（cuckoo search）。[1-2] 该算法基于布谷鸟的巢寄生行为和莱维飞行机制，每个布谷鸟个体在搜索域内通过随机游走方式，寻找一个最优的“鸟窝”来进行孵化，从而获得最优解。近年来，由于参数较少、模型简单、寻优能力较强和易实现的特点，布谷鸟算法备受国内外学者的关注。本章主要介绍布谷鸟算法的基本模型及其生物学原理，分析布谷鸟算法的研究现状，从算法功能上描述布谷鸟算法的实现流程和方法。针对布谷鸟算法后期求解函数优化问题时收敛速度偏慢、求解精度不高和易陷入局部极值等问题，提出了一种改进的布谷鸟算法。该算法能够协调布谷鸟算法的探索和开发能力，有利于算法全局探索和局部开发的平衡，加快算法收敛速度，增加种群多样性。

4.2 布谷鸟算法的生物学原理

4.2.1 布谷鸟的巢寄生行为

昆虫学家们经过长期观察研究发现，一部分布谷鸟以将卵寄生于其他鸟类鸟巢内的方式养育幼鸟。[3-4] 巢寄生（brood parasitism）是某些鸟类将卵产在其他鸟类巢中，由其他鸟（义亲）代为孵化和育雏的一种特殊的繁殖方式。布谷鸟性情孤僻，多单独活动，它也不筑巢、不孵卵、不育雏。布谷鸟在繁殖期寻找与其孵化期、育雏期相似，与其雏鸟食性基本相同、卵形与颜色易仿的宿主，通常为黄莺、云雀等。在寄生时间上，布谷鸟多在宿主开始孵卵之前，趁宿主离巢外出时快速寄生产卵，将其所产的卵放在黄莺、云雀等鸟类的巢窝里，让这些鸟类替其精心孵化。布谷鸟每飞到一个巢窝，只产一枚卵。布谷鸟常在产卵前把宿主的一枚卵移走，或全部推出巢外，迫使宿主重新产卵。一旦巢寄生的雏鸟孵出，它又将义亲的雏鸟或卵推出巢外，从而使其独享义亲的抚育。不过，这些外来卵一旦被宿主发现，宿主便会抛弃这些鸟蛋或重新筑鸟巢。[3]

4.2.2 莱维飞行

1996 年，Viswanathan 等人利用卫星定位系统研究漂泊信天翁的觅食行为，发现其飞行间隔服从幂率分布，证明了信天翁以莱维飞行模式觅食。[5-7] Reynolds 等人于 2006—2007 年在研究蜜蜂[8] 和果蝇[9] 的觅食轨迹时，发现蜜蜂和果蝇的飞行轨迹呈现莱维飞行特征。此外，研究发现蜘蛛猴、灰海豹、驯鹿[10-11] 等生物也具有莱维飞行或近似莱维飞行的行为。

莱维飞行（Lévy flights）是一类非高斯的随机过程，其飞行步长满足一个重尾（heavy-tailed）的莱维稳定分布。在这种形式的行走中，步长较小的短距离行走与偶尔步长较大的长距离行走相互交替出现。在智能优化算法中采用莱维飞行[12]，能扩大搜索范围、增加种群多样性，更容易跳出局部极值。

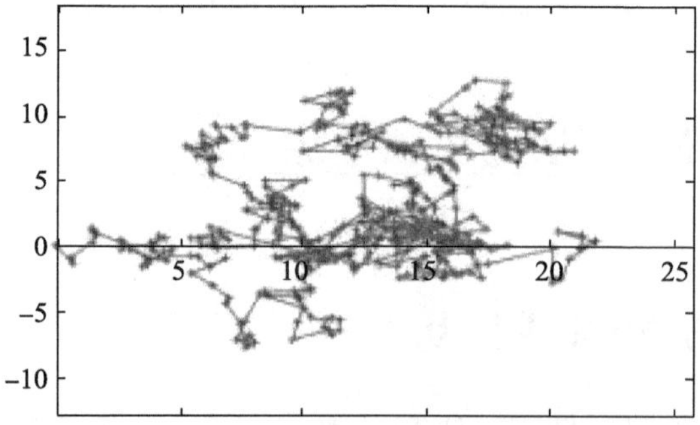

图 4-1　莱维飞行轨迹

4.3 布谷鸟算法

为了简化布谷鸟的繁殖行为，Yang 等人将布谷鸟的寻巢产卵行为设为以下三个理想状态[1]：

（1）布谷鸟一次只产一枚卵，并随机选择鸟巢位置来孵化它。

（2）在随机选择的一组鸟巢中，最好的鸟巢被保留到下一代。

（3）可选择的寄生巢的数量是固定的，宿主发现外来卵的概率为 pa，其中 $0 \leqslant pa \leqslant 1$。

基于这三个理想状态，Yang 等人采用式（4-1）对下代鸟巢位置 X^{t+1} 进行更新：

$$X_i^{(t+1)} = X_i^{(t)} + \alpha \oplus Levy\ (\lambda) \tag{4-1}$$

上式中 $X_i^{(t)}$ 表示第 $i(i=1, 2, \cdots, n)$ 个鸟巢在第 t 代的鸟巢位置；$\oplus$表示点对点乘法；α 是步长因子，用来调整步长方向和大小，通常情况下，取 $\alpha=1$；$L(\lambda)$ 为 *Levy* 随机搜索路径，属于随机行走，采用莱维飞行机制。[6] 而随机步长为 *Levy* 分布：

$$Levy \sim \mu = t^{-\lambda},\ 1 < \lambda \leqslant 3 \tag{4-2}$$

标准布谷鸟算法首先根据式（4-1）对下一代的鸟巢位置进行更新，再计算目标函数的适应度值。如果目标函数适应度值优于上一代，则更新鸟巢位置，否则保持原来位置不变。更新位置之后，用服从 0 到 1 均匀分布的随机数值 R 与发现概率 pa 进行比较，若 $R > pa$，则对 $X_i^{(t+1)}$ 进行随机改变，反之不变。最后保留测试值较好的一组鸟巢位置 $Z_i^{(t+1)}$，记为 $X_i^{(t+1)}$。判断算法是否达到设置的最大迭代次数：若达到，结束迭代寻优，输出全局最优值 $f_{\min}$；否则，继续迭代寻优。

布谷鸟搜索算法的主要步骤可描述如下。

步骤 1　目标函数 $f(X)$，$X=(x_1, \cdots, x_d)^T$，初始化群体，随机产生 n 个鸟巢的初始位置 $X_i(i=1, 2, \cdots, n)$，设置算法参数。

步骤 2　计算每个鸟巢的目标函数值，并记录当前的最优解。

步骤 3　保留上一代最优鸟巢位置，并按位置更新公式（4-1）对其他鸟巢位置进行更新。

步骤 4　对现有鸟巢与上一代鸟巢位置进行对比，若较好，则将其作为当前的最优位置。

步骤 5　用一个随机数 R 作为鸟巢宿主发现外来鸟蛋的可能性，与 pa 进行比较。若 $R>pa$，则随机改变鸟巢位置，得到一组新的鸟巢位置。

步骤 6　如未满足结束条件，则返回步骤 2。

步骤 7　输出全局最优位置。

4.4 布谷鸟算法的研究现状

布谷鸟算法作为新的启发式算法，自问世以来备受关注，许多学者对其进行了改进研究。本章从布谷鸟算法改进及求解实际问题两个方面对文献进行梳理。

2009 年，Yang 等人[13]提出了一种新的求解优化问题元启发式算法——布谷鸟搜索算法，通过测试，仿真结果表明与其他演化算法相比，布谷鸟算法收敛速度更快、解的质量更高、性能更优。研究人员对 50 多个不同的基准函数进行测试，结果表明，与粒子群算法和人工蜂群算法相比[14]，布谷鸟算法具有更强的鲁棒性和更精确的结果。2011 年，一种适用于连续非线性优化问题的布谷鸟算法被提出[15]，仿真实验的结果表明这种布谷鸟算法与遗传算法（genetic algorithm，简记为 GA）和粒子群算法相比，布谷鸟算法收敛速度更快、求解精度更高、寻优的效果也更好。通过对一些数值函数[16]、多峰函数[17]和标准测试函数[18-19]进行求解，发现布谷鸟搜索算法与其他算法相比，是一种更有效的优化方法。通过以上研究发现，布谷鸟算法与其他智能算法相比有很多优点。但随着布谷鸟算法的不断发展和应用，针对布谷鸟算法本身的一些缺点也暴露出来，如后期求解函数问题时缺乏信息共享、求解精度不高和易陷入局部极值等。

针对以上问题，国内外学者对基本布谷鸟搜索算法做了相应改进。例如使用其他搜索策略对布谷鸟算法进行改进：一种是采用搜索趋化策略的布谷鸟算法[20]，提升了算法的整体求解性能，且在解决多峰和高维函数优化问题上更具竞争力；在求解连续函数优化问题上，采用逐维改进策略的布谷鸟算法[21]，提高了布谷鸟算法的收敛速度和寻优精度；针对布谷鸟搜索算法收敛速度慢的问题，研究人员提出了一种基于高斯分布策略的布谷鸟搜索优化算法[22]，改进后的算法收敛速度和寻优精度均优于基本布谷鸟算法。鸟巢的位置也可以通过动态惯性权重调整的策略进行更新[23]，使得算法能够平衡前期的探索能力和后期的开发能力。在算法后期局部搜索过程中，为了提高搜索能力，研究人员引入了动态局部搜索——通过引入动态随机局部搜索技术[24-25]的方法提高算法的全局探索能力和收敛速度。改进后的算法在收敛性、扩展性和分布性等方面都有很好的表现。针对布谷鸟算法存在维度间相互耦合问题，使用均衡单进化策略的布谷鸟算法[26]则可以在全局寻优性能、搜索精度和收敛速度上得到很大提升。

布谷鸟算法中莱维飞行机制的应用和寄生巢宿主随机发现卵的概率 pa 的改变对布谷鸟算法效果的改进效果也比较明显。Valian[27]提出的动态调整步长因子与发现概率（improved cuckoo search for reliability optimization problems，简记为 ICS）的算法和自适应莱维飞行步长[28]的布谷鸟搜索算法，能够针对布谷鸟算法后期存在收敛速度慢、易陷入局部极值等问题，提升算法的收敛速度和寻优精度；也可以对发现卵的概率和莱维飞行步长都进行动态的自适应改进[29]，改进后的算法表现出了更快的收敛速度和更高的求解成功率；或者在莱维飞行的更新公式中加入服从均匀分布的压缩因子[30]，改进后的算法效果比基本的布谷鸟算法更好。除了对算法中的参数进行动态调整外，基于指数增长发现概率的布谷鸟搜索算法[31]仿真实验的结果也发现，此发现概率下的布谷鸟搜索算法明显优于其他的布谷鸟搜索算法。为了提高布谷鸟算法探索和开发的能力，研究者提出了一种将柯西变异代替莱维飞行机制的布谷鸟算法[32]，并对 CEC 2015 基准函数进行测试，结果表明，改进后的算法收敛速度更快，求解的质量更高，鲁棒性更强。根据以上研究可知，布谷鸟搜索算法已经成为解决非线性优化问题的有效方法，并在科学和工程多个领域得到了成功应用。

上述改进策略在一定程度上提高了布谷鸟算法的收敛速度或解的质量。但是，对于布谷鸟算法局部搜索性能弱，特别是多模复杂函数全局寻优时存在收敛速度慢、求解精度不高等问题，上述改进策略的优化效果仍然有限。为了进一步提高它的性能，结合布谷鸟算法的特点，可以从以下两个方面进行改进：一是将莱维飞行步长设置为随代数增加而变小的变量以进行精细的局部搜索；二是增加鸟巢之间的信息交换以加快收敛速度，从而使算法既拥有更大的使用范围又不丢失原始算法的优秀特征。[33]

4.5 改进的布谷鸟算法（DWCS）

基本布谷鸟算法后期在求解复杂函数优化问题上，存在收敛速度偏慢、求解精度不高和易陷入局部极值等缺点，本章通过非线性惯性权重对数递减和随机调整发现概率的策略来弥补该算法在求解复杂函数优化问题中的局限性，从而协调布谷鸟算法的探索和开发能力，加快收敛速度，提高求解精度，增强鲁棒性。

4.5.1 非线性惯性权重对数递减策略

动态变化惯性权重主要分为以下几类。

1. 线性惯性权重递减

Shi 和 Eberhart 将惯性权重引入粒子群算法，并采用线性惯性权重递减策略，以协调 PSO 算法的探索和开发能力[34]，递减策略如下：

$$\alpha_{(t)}=\alpha_{\max}-(\alpha_{\max}-\alpha_{\min})\frac{\text{MaxNumber}-t}{\text{MaxNumber}} \tag{4-3}$$

式中，t 为当前迭代次数；MaxNumber 为最大迭代次数；$\alpha_{\max}$，$\alpha_{\min}$ 为 α 的初值和终值。

2. 随机调整的惯性权重

2001 年，科研人员提出了一种随机调整动态惯性权重的方法[35]，该惯性权重的值根据每次迭代从高斯分布中随机选取，较大和较小的惯性权重随机出现，以协调 PSO 算法的探索和开发能力。

3. 非线性惯性权重递减

这是一种惯性权重从较大值非线性递减到较小值的变化过程。[36] 其中比较具有代表性的有指数递减、高斯递减和对数递减的惯性权重。

（1）指数递减的惯性权重

针对基本粒子群算法在后期局部搜索能力差、易陷入局部极值的缺点，科研人员提出了基于惯性权重指数递减的 PSO 算法。[37] 其表达式如下：

$$\alpha_{(t)}=\alpha_{\min}(\alpha_{\max}/\alpha_{\min})^{(1-t/\text{MaxNumber})} \tag{4-4}$$

式中，t 为当前迭代次数；MaxNumber 为最大迭代次数；$\alpha_{\max}$，$\alpha_{\min}$ 为 α 的初值和终值。

（2）高斯递减的惯性权重

为了有效平衡粒子群算法全局探索和局部搜索的能力，科研者提出了一种基于高斯递减惯性权重的粒子群优化算法。[38] 仿真结果表明，改进的算法在收敛速度和执行效率方面均有很大提升。其惯性权重表达式如下：

$$\alpha_{(t)}=\alpha_{\min}+(\alpha_{\max}-\alpha_{\min})\exp\left[-\frac{t^2}{(k\times\text{MaxNumber})^2}\right] \tag{4-5}$$

式中，t 为当前迭代次数，MaxNumber 为最大迭代次数，$\alpha_{\max}$，$\alpha_{\min}$ 为 α 的初值和终值；k 为常数，用来调整曲线的扩展常数，从而改变曲线的变化率。

（3）对数递减的惯性权重

针对粒子群算法收敛速度慢和易陷入局部极值的问题，科研人员提出了基于惯性权重对数递减的粒子群算法[39]，并引入对数调整系数。仿真结果表明，改进的算法可以提高全局收敛性和收敛速度，并且具有一定的鲁棒性。其惯性权重表达式如下：

$$\alpha_{(t)}=\alpha_{\max}-\eta\times(\alpha_{\max}-\alpha_{\min})\times\log^{t}_{\text{MaxNumber}} \tag{4-6}$$

式中，t 为当前迭代次数；MaxNumber 为最大迭代次数；$\alpha_{\max}$，$\alpha_{\min}$ 为 α 的初值和终值；η 为对数调整系数。

图 4-2 是 $t=1:1000$，MaxNumber = 1000，$\alpha_{min}=0.4$，$\alpha_{max}=0.9$，$\eta=1$ 的惯性权重指数、线性、高斯、对数递减策略的惯性权重和迭代次数的关系曲线图。从图 4-2 可知，在迭代前期，惯性权重对数递减的曲线比线性、指数、高斯递减的惯性权重曲线下降更快，从而有利于全局探索，快速找到最优解的大致范围。在迭代后期，对数递减的惯性权重曲线相比另外三种惯性权重策略的曲线要平缓，从而有利于局部精细搜索，进而找到全局最优解。

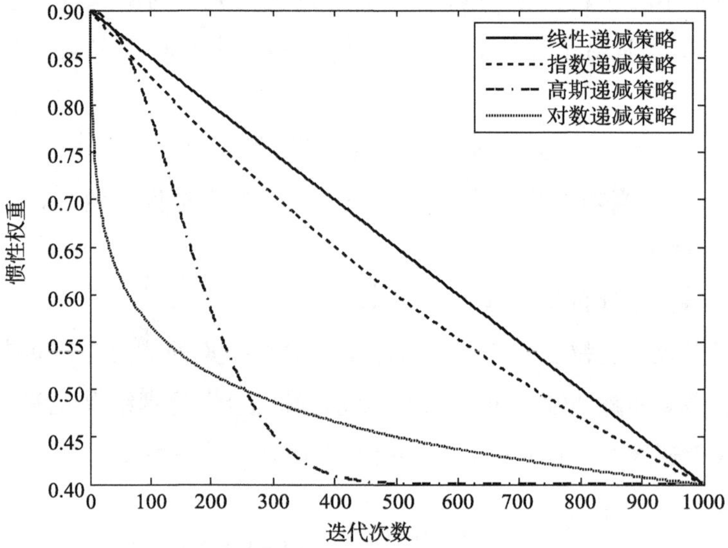

图 4-2　惯性权重曲线

在标准布谷鸟算法中，布谷鸟寻巢的位置和路径是随机的，以上一代位置信息作为参考进行下一代的更新。为了提高标准布谷鸟算法的性能，在布谷鸟寻巢的位置和路径更新公式中引入惯性权重：

$$X_i^{(t+1)}=w_{(t)}X_i^{(t)}+\alpha\oplus Levy(\lambda),\ i=1,\ 2,\ \cdots,\ n \tag{4-7}$$

惯性权重的加入，可以有效平衡全局探索和局部搜索之间的关系，使算法迭代前期的探索能力和后期的开发能力得到加强，从而提高算法的整体寻优能力。虽然惯性权重的加入可以提高算法的探索和开发能力，且能对算法的收敛速度和寻优精度产生一定的影响。但是，如果在迭代初期没有找到较为理想的位置，随着惯性权重的逐步减小，算法探索能力变弱，开发能力增强，极易陷入局部极值。所以，需要加入一个惯性权重使算法在迭代前期有较强的探索能力，以找到目标鸟巢的大致位置，且在找到目标鸟巢的大致位置后，惯性权重 $w_{(t)}$ 值能快速减小，进入局部精细搜索，从而找到全局最优解。根据以上分析，在此选取非线性对数递减惯性权重的策略，即

$$w_{(t)} = r_{\max} - \beta \times (r_{\max} - r_{\min}) \times \log^{t}_{\text{MaxNumber}} \tag{4-8}$$

式中，t 为当前迭代次数，$MaxNumber$ 为最大迭代次数，$r_{\min}$ 是惯性权重的最小值，$r_{\max}$ 是惯性权重的最大值，β 为对数调整系数。当 $0<\beta<1$ 时称为对数压缩系数，$\beta>1$ 时称为对数膨胀系数。

4.5.2 动态惯性权重系数的变化范围对函数优化效果的影响

本章对 $w_{(t)}$ 中的系数 $r_{\min}$，$r_{\max}$（$r_{\min}$，$r_{\max} \in [0, 1]$，$r_{\min}<r_{\max}$）和 $\beta(0 \leqslant \beta<1.8)$ 做了以下两种测试。由于测试系数 β 的取值次数太多，为了方便起见，只在表中列出 $0 \leqslant \beta<1$ 和 $1 \leqslant \beta<1.8$ 两种情况下每一种的最优值，并用函数 $f_1(x)$，$f_2(x)$，$f_3(x)$ 对以上两种情况进行检验。参数设置：种群大小 $N=25$，最大迭代次数 MaxNumber=100，维数 $D=10$，50，100，每个函数评价 30 次。

其中，a 表示 10 代以内取得最优值；b 表示 25 代以内取得最优值；c 表示50 代以内取得最优值；d 表示 100 代以内取得最优值；“—”表示在设定的最大迭代次数内，无法收敛到最优值。M 表示取得理论最优值时最小迭代次数范围；收敛率是指在设定的最大迭代次数内，函数取得理论最优值的种群个数与种群规模之比。实验结果如表 4-1 所示。图 4-3 至图 4-5 是在 10 维情况下，函数 $f_1(x)$，$f_2(x)$，$f_3(x)$ 在 $0 \leqslant \beta<1$ 和 $1 \leqslant \beta<1.8$ 时的收敛图。由于 50、100 维的情况与 10 维类似，在此不再赘述。横轴代表种群规模，纵轴代表适应度值。

表 4-1 β 系数的变化对函数优化效果的影响

维数	函数	β	$0 \leqslant \beta<1$	$1 \leqslant \beta<1.8$
10	$f_1(x)$	M	d	c
		收敛率	44%	80%
	$f_2(x)$	M	d	c
		收敛率	4%	20%
	$f_3(x)$	M	—	d
		收敛率	0	36%

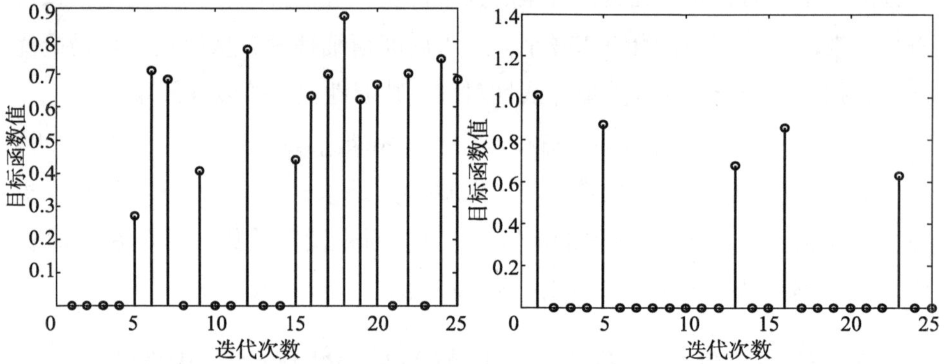

图 4-3　$f_1(x)$ 函数的收敛

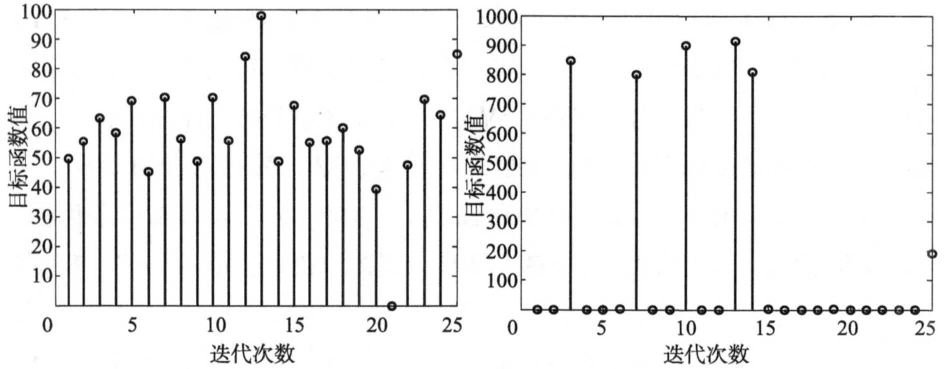

图 4-4　$f_2(x)$ 函数的收敛

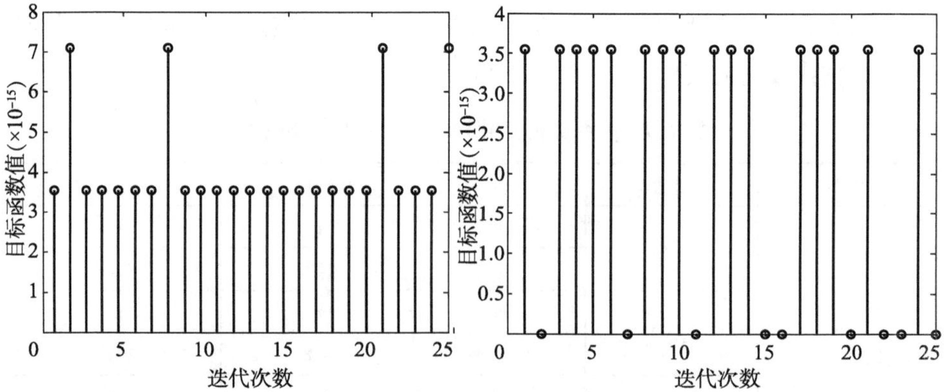

图 4-5　$f_3(x)$ 函数的收敛

对函数$f_1(x)$，$f_2(x)$，$f_3(x)$测试的结果表明，在 10 维情况下，当$1\leqslant\beta<1.8$时，函数$f_1(x)$，$f_2(x)$，$f_3(x)$取得理论最优值的最小迭代次数更少（分别在 50，50，100 代以内），收敛率更高（分别为 80%，20%，36%）。当$0\leqslant\beta<1$时，函数$f_1(x)$，$f_2(x)$，$f_3(x)$取得理论最优值的最小迭代次数分别为 100 代以内、100 代以内和在设置的最大迭代次数内无法收敛到最优，收敛率分别为 44%，4%，0。同理，在 50 维、100 维情况下，当$1\leqslant\beta<1.8$时，取得最优值的最小迭代次数和收敛率也比$0\leqslant\beta<1$更优。同时，由图 4-3 至图 4-5 可知，当$1\leqslant\beta<1.8$时，函数$f_1(x)$，$f_2(x)$，$f_3(x)$取得理论最优值的次数明显比$0\leqslant\beta<1$时多。

综上所述，无论从表 4-1 还是从图 4-3 至图 4-5 都可以看出，在 10 维、50 维、100 维情况下，$1\leqslant\beta<1.8$比$0\leqslant\beta<1$对函数的优化效果更好。所以，我们又做了以下测试：令$1\leqslant\beta<1.8$，在实验中本节取$\beta=1$，r_{min}和r_{max}（$0\leqslant r_{min}\leqslant r_{max}\leqslant1$）从 0 取到 1，用数字 1 表示$r_{min}=0$，$0<r_{max}\leqslant1$，用数字 2 表示$r_{min}=0.1$，$0.1<r_{max}\leqslant1$，依次类推，用数字 8 表示$r_{min}=0.7$，$0.7<r_{max}\leqslant1$。例如，第 1 次令$r_{min}=0$，$r_{max}$从 0.1 取到 1（第 1 次取 0.1，第 2 次取 0.2，依次类推，直到取到 1 结束），第 2 次令$r_{min}=0.1$，r_{max}从 0.2 取到 1，依次类推，直到第 10 次令$r_{min}=0.9$，$r_{max}=1$时结束。由于每一次测试系数取值次数太多，为方便起见，只取 1，2，3，4，5，6，7，8，9，10 十种情况中每一种的最优值，并用函数$f_1(x)$，$f_2(x)$，$f_3(x)$对以上情况进行检验。设置参数同上，实验结果如表 4-2 所示。

由于十种情况太多，因此只选取 10 维时，具有代表性的第 1 和第 5 种情况用图像来展示。由于 50 维、100 维的情况与 10 维类似，在此不再赘述。图 4-6 至图 4-8 是在 10 维情况下，函数$f_1(x)$，$f_2(x)$，$f_3(x)$第 1 和第 5 种情况的收敛图，横轴代表种群规模，纵轴代表适应度值。

表 4-2 r_{min}，r_{max}的变化对函数的影响

函数	$f_1(x)$		$f_2(x)$		$f_3(x)$	
β	M	收敛率	M	收敛率	M	收敛率
1	a	100%	a	100%	b	100%
2	b	100%	b	100%	b	100%

续表

函数	$f_1(x)$		$f_2(x)$		$f_3(x)$	
β	M	收敛率	M	收敛率	M	收敛率
3	b	100%	b	100%	c	100%
4	b	96%	b	48%	c	64%
5	c	84%	c	28%	c	16%
6	c	84%	c	24%	—	0
7	d	52%	—	0	—	0
8	d	28%	—	0	—	0
9	—	0	—	0	—	0
10	—	0	—	0	—	0

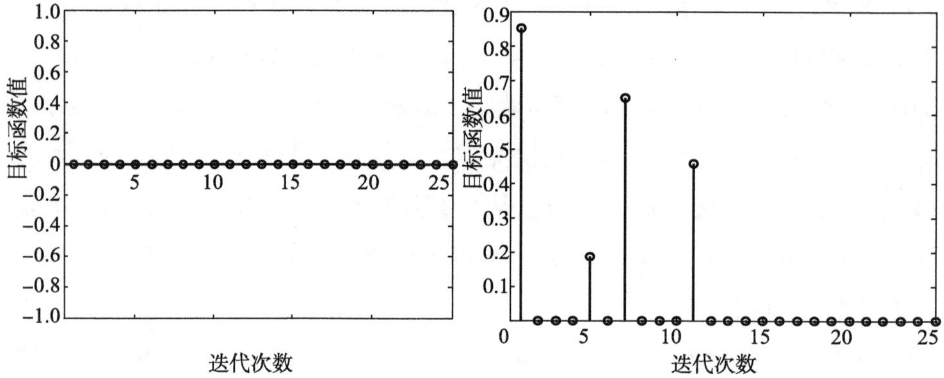

图 4-6　$f_1(x)$ 函数的收敛

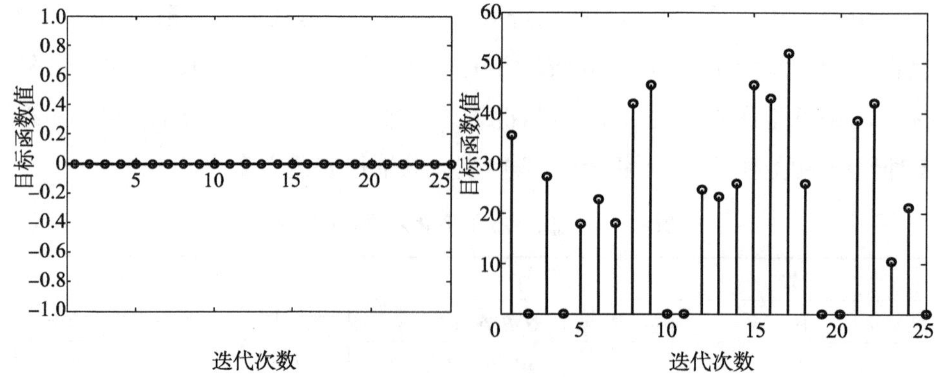

图 4-7　$f_2(x)$ 函数的收敛

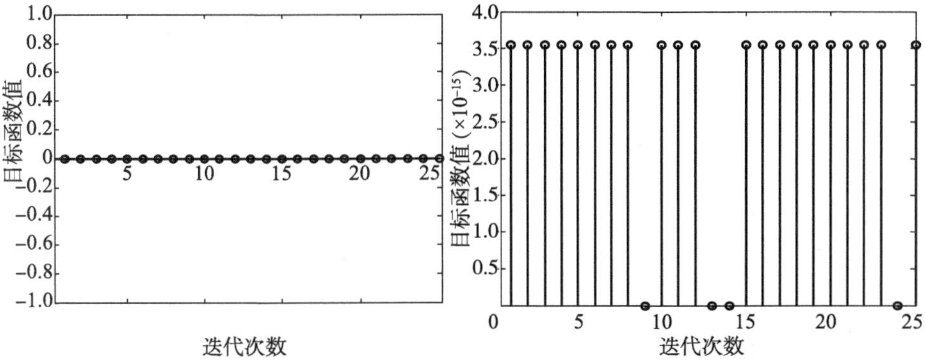

图 4-8　$f_3(x)$函数的收敛

从表 4-2 可以看出，惯性权重系数 $r_{\min}$，$r_{\max}$的取值在 10 维第 1 种情况下，函数$f_1(x)$，$f_2(x)$，$f_3(x)$取得最优值时的最小迭代次数分别在 10、10、25 代以内，收敛率为 100%。此时，函数优化的效果最好。

虽然在 10 维第 2、3 种情况下函数$f_1(x)$，$f_2(x)$，$f_3(x)$收敛率也都达到了 100%，但是取得最优值时的最小迭代次数比第 1 种情况大。从第 3 种情况开始，随着 $r_{\min}$，$r_{\max}$取值范围的变化，在设定的最大迭代次数内，函数$f_1(x)$，$f_2(x)$，$f_3(x)$的收敛率从 100%下降为 0。以上表明，在 10 维第 1 种情况下，函数$f_1(x)$，$f_2(x)$，$f_3(x)$的优化效果最好。同理，在 50 维、100 维第 1 种情况下，函数$f_1(x)$，$f_2(x)$，$f_3(x)$的优化效果也最好。从图 4-6至图 4-8 可以看出，在第 1 种情况下，函数$f_1(x)$，$f_2(x)$，$f_3(x)$取得理论最优值的次数为 100%，而第 5 种为 84%，28%，16%。

综上所述，无论从表 4-2 还是图 4-6 至图 4-8 都可以看出，在上述十种情况中，第 1 种情况函数$f_1(x)$，$f_2(x)$，$f_3(x)$的优化效果最好。基于此，本章选用第 1 种情况下，即 $r_{\min}=0$，$r_{\max}=0.1$，$\beta=1$ 作为惯性权重 $w_{(t)}$ 的系数值。

图 4-9 是 $t=1:1000$，MaxNumber=1000，$\alpha_{\min}=0$，$\alpha_{\max}=0.1$，$\beta=1$ 的惯性权重线性、指数、高斯、对数递减策略的惯性权重和迭代次数的关系曲线图。从图 4-9 可以知道，在迭代前期，对数递减的惯性权重曲线比线性、高斯递减的惯性权重曲线下降快，从而有利于全局探索，快速找到全

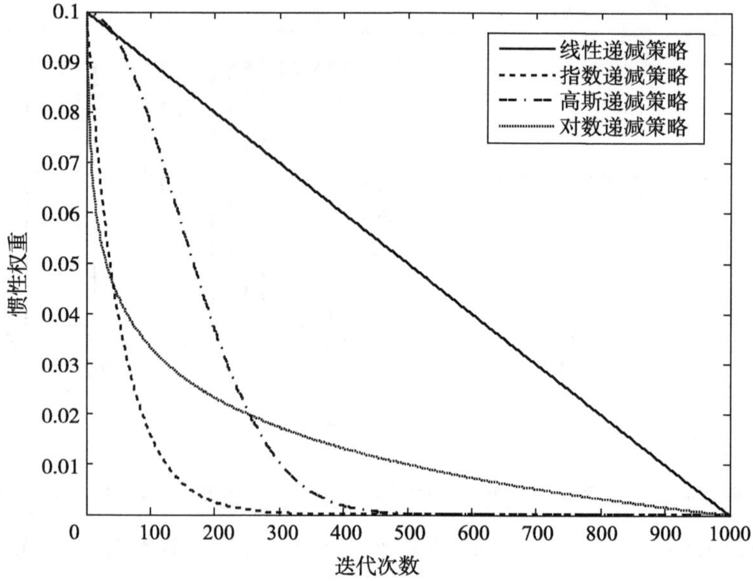

图 4-9　惯性权重曲线

局最优解的大致范围。在迭代后期，指数和高斯递减的惯性权重分别在200代和500代以后就变成0，不利于后期局部精细搜索，而对数递减惯性权重曲线相比线性递减惯性权重曲线要平缓，从而有利于局部精细搜索，进而找到全局最优解。

4.5.3　随机调整的发现概率策略

在基本的布谷鸟算法中，*pa* 是非常重要的参数，合适的 *pa* 有助于算法全局探索和局部开发能力之间的平衡，加快算法的收敛速度，进而寻找到全局最优解。但基本的布谷鸟算法 *pa* 的取值为固定值0.25，这些值在初始化阶段就设计好了，不能改变。显然，这不利于算法全局探索和局部开发能力之间的平衡以及种群的多样性。为了消除 *pa* 取固定值带来的弊端，本章采用随机调整的发现概率 *r-pa* 来取代固定值的发现概率 *pa*，较大和较小的发现概率 *r-pa* 随机出现，有利于算法全局探索和局部开发能力之间的平衡，加快算法的收敛速度，增加种群多样性。具体表达公式如下：

$$r\text{-}pa = pa_{\min} + (pa_{\max} - pa_{\min}) \times rand() - \lambda \times \tau(\alpha, \beta) \tag{4-9}$$

式中，$r\text{-}pa \in [0.15, 0.55]$，$pa_{\min}$和$pa_{\max}$分别为 pa 的最小值和最大值，$rand(\ )$是产生在（0，1）之间均匀分布的随机数，$\tau(\alpha, \beta)$是服从形状参数为 α、尺度参数为 β 的伽马分布随机数，λ 用来控制惯性权重与期望值之间的偏差程度。

4.5.4 DWCS 算法的流程

DWCS 算法通过在位置更新公式中引入非线性对数递减的惯性权重，在迭代前期可以快速搜寻最优解的大致范围，迭代后期可以对局部进行仔细搜索，以协调布谷鸟算法探索和开发的能力；同时，将固定值发现概率 pa 改为随机调整发现概率 $r\text{-}pa$，有利于加快算法收敛速度，增加种群的多样性，跳出局部极值，从而搜索到全局最优值。因此，DWCS 算法将布谷鸟算法位置更新公式（4-1）改为公式（4-7）和公式（4-8），发现概率 pa 改为随机调整发现概率 $r\text{-}pa$，见公式（4-9），具体流程如下。

步骤 1（初始化）　确定目标函数 $f(X)$，$X=(x_1, \cdots, x_d)^T$，初始化群体，随机产生 n 个鸟巢的初始位置 $X_i(i=1, 2, \cdots, n)$。算法参数设置：种群规模 N、维度 D、发现概率 pa、界值大小 L、最大迭代次数 $MaxNumber$、最优鸟巢位置 x_b^0，$b \in \{1, 2, \cdots, n\}$ 和最优解 $f_{\min}$。

步骤 2（循环体）　计算每个鸟巢的目标函数值 $f(X)$ 并进行比较，保留最优解 $f_{\min}$ 和所对应的最优鸟巢位置 x_b^{t-1}，然后根据公式（4-7）、（4-8）对剩下的鸟巢位置进行更新，并将更新过的鸟巢位置与上一代的鸟巢位置 $p_{t-1}=[x_1^{t-1}, x_2^{t-1}, \cdots, x_n^{t-1}]^T$ 进行比较，用目标函数值较好的鸟巢位置替换目标函数值较差的鸟巢位置，新的鸟巢位置为：$g_t=[x_1^{(t)}, x_2^{(t)}, \cdots, x_n^{(t)}]^T$。

步骤 3（循环体）　用服从 0 到 1 均匀分布的随机数值 R 与公式（4-9）的鸟巢被淘汰概率 $r\text{-}pa$ 进行比较，若 $R>r\text{-}pa$ 则随机改变 g_t 中的鸟巢位置，得到一组新的鸟巢位置；计算全部个体的适应度值，与 g_t 中每个鸟巢位置的适应度值进行比较，用目标函数值较好的鸟巢位置替换目标函数值较差的鸟巢位置，更好的鸟窝位置为：$p_t=[x_1^{(t)}, x_2^{(t)}, \cdots, x_n^{(t)}]^T$。

步骤 4　判断设置的最大迭代次数是否达到：若达到，结束寻优过程，得到全局最优解 $f_{\min}$；否则，返回步骤 2 至步骤 3 的迭代继续寻优。

4.6 仿真实验

本章选取了 16 个不同难度的函数优化问题，包括 10 个多峰和 6 个单峰测试函数，在同样的条件下开始仿真实验，运行次数 30 次。其中 $f_1(x)$ 至 $f_{11}(x)$ 为高维函数，维数 $D=10$，50，100，$f_{12}(x)$ 至 $f_{16}(x)$ 为低维函数，维数 $D=2$。通过 CS[1]、ICS[40]、PSO[34] 和蝙蝠算法[41] 进行对比实验，其中 ICS 是布谷鸟算法中改进效果非常好的改进算法，具有可比性；PSO 是最为经典的算法之一，具有代表性；BA 算法是近几年出现的算法，具有新颖性。用本章所改进的算法与以上算法进行对比，既有纵向上的对比，也有横向上的对比，从而可以全面、有效地测试 DWCS 算法的寻优性能。

4.6.1 测试函数

具体测试函数如下。

（1）Griewank 函数：

$$f_1(x) = 1 + \frac{1}{4000}\sum_{i=1}^{n} x_i^2 - \prod_{i=1}^{n}\cos\left(\frac{x_i}{\sqrt{i}}\right) \qquad x_i \in [-600,\ 600]$$

该函数在（0，…，0）处取得最小值 0。

（2）Rastrigin 函数：

$$f_2(x) = \sum_{i=1}^{n}[x_i^2 - 10\cos(2\pi x_i) + 10] \qquad x_i \in [-5.12,\ 5.12]$$

该函数在（0，…，0）处取得最小值 0。

（3）Ackley's 函数：

$$f_3(x) = -20\exp\left(-0.2\sqrt{\frac{1}{n}\sum_{i=1}^{n} x_i^2}\right) - \exp\left(\frac{1}{n}\sum_{i=1}^{n}\cos(2\pi x_i)\right) + 20 + e$$

$$x_i \in [-32,\ 32]$$

该函数在（0，…，0）处取得最小值 0。

（4）Schaffer 函数：

$$f_4(x) = \frac{\sin^2\sqrt{\sum_{i=1}^{n} x_i^2} - 0.5}{\left[1 + 0.001 \times \sum_{i=1}^{n} x_i^2\right]^2} + 0.5 \qquad x_i \in [-10,\ 10]$$

该函数在（0，…，0）处取得最小值0。

（5）Sphere 函数：

$$f_5(x)=\sum_{i=1}^{n}x_i^2 \qquad x_i\in[-100,\ 100]$$

该函数在（0，…，0）处取得最小值0。

（6）Sum squares 函数：

$$f_6(x)=\sum_{i=1}^{n}ix_i^2 \qquad x_i\in[-10,\ 10]$$

该函数在（0，…，0）处取得最小值0。

（7）Zakharov 函数：

$$f_7(x)=\sum_{i=1}^{n}x_i^2+\left(\frac{1}{2}\sum_{i=1}^{n}ix_i\right)^2+\left(\frac{1}{2}\sum_{i=1}^{n}ix_i\right)^4 \qquad x_i\in[-10,\ 10]$$

该函数在（0，…，0）处取得最小值0。

（8）Schwefel's problem 1.2 函数：

$$f_8(x)=\sum_{i=1}^{n}\left(\sum_{j=1}^{i}x_j\right)^2 \qquad x_i\in[-100,\ 100]$$

该函数在（0，…，0）处取得最小值0。

（9）Schwefel's problem 2.21 函数：

$$f_9(x)=\max_i\{|x_i|,\ 1\leqslant i\leqslant n\} \qquad x_i\in[-100,\ 100]$$

该函数在（0，…，0）处取得最小值0。

（10）Schwefel's problem 2.22 函数：

$$f_{10}(x)=\sum_{i=1}^{n}|x_i|+\prod_{i=1}^{n}|x_i| \qquad x_i\in[-10,\ 10]$$

该函数在（0，…，0）处取得最小值0。

（11）Alpine 函数：

$$f_{11}(x)=\sum_{i=1}^{n}|x_i\sin(x_i)+0.1x_i| \qquad x_i\in[-10,\ 10]$$

该函数在（1，…，1）处取得最小值0。

（12）Goldstein-Price 函数：

$$f_{12}(x)=[1+(x_1+x_2+1)^2\times(19-14x_1+3x_1^2-14x_2+6x_1x_2+3x_2^2)]\times$$
$$[30+(2x_1-3x_2^2)^2\times(18-32x_1+12x_1^2+48x_2^2-36x_1x_2+27x_2^2)] \qquad x_i\in[-2,\ 2]$$

该函数在（0，-1）处取得最小值3。

（13）Branin 函数：

$$f_{13}(x)=\left(x_2-\frac{5.1}{4\pi^2}x_1^2+\frac{5}{\pi}x_1-6\right)^2+10\left(1-\frac{1}{8\pi}\right)\cos(x_1)+10$$

$$x_1\in[-5,\ 10],\ x_2\in[0,\ 15]$$

该函数在（−π，12.275），（π，2.275），（9.42478，2.475）处取得最小值 0.397887。

（14）Six-Hump Camel-Back 函数：

$$f_{14}(x)=4x_1^2-2.1x_1^4+\frac{1}{3}x_1^6+x_1x_2-4x_2^2+4x_2^4\qquad x_1\in[-3,\ 3],\ x_2\in[-2,\ 2]$$

该函数在（0.0898，−0.7126），（−0.0898，0.7126）处取得最小值 −1.0316285。

（15）Schaffer N.2 函数：

$$f_{15}(x)=0.5+\frac{\sin^2(x_1^2-x_2^2)-0.5}{[1+0.001(x_1^2+x_2^2)]^2}\qquad x_i\in[-100,\ 100]$$

该函数在（0，⋯，0）处取得最小值 0。

（16）Easom 函数：

$$f_{16}(x)=-\cos(x_1)\cos(x_2)\exp\{-[(x_1-\pi)^2+(x_2-\pi)^2]\}\qquad x_i\in[-100,\ 100]$$

该函数在［−π，π］处取得最小值−1。

函数的三维图像能够直观地展示函数的整体走势。以下是从本章测试函数中选取的六个函数的三维图像。

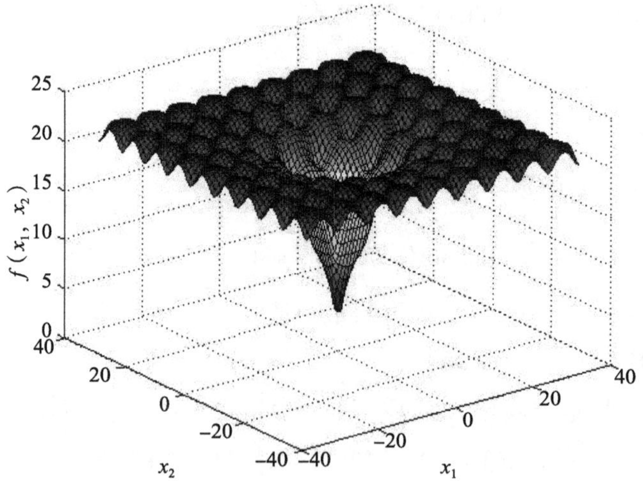

图 4-10 Ackley's 函数的三维图

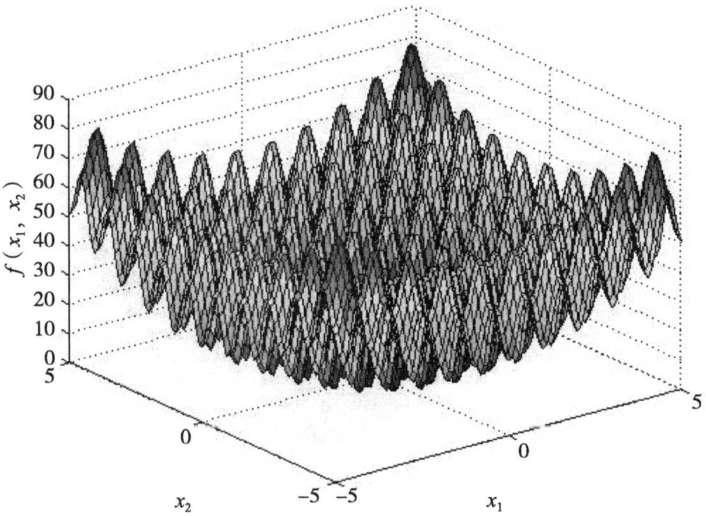

图 4-11 Rastrigin 函数的三维图

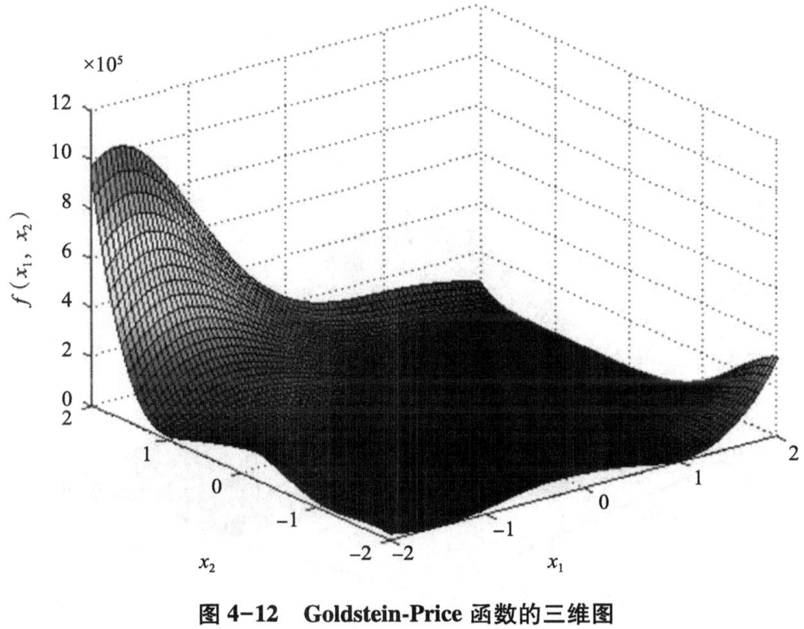

图 4-12 Goldstein-Price 函数的三维图

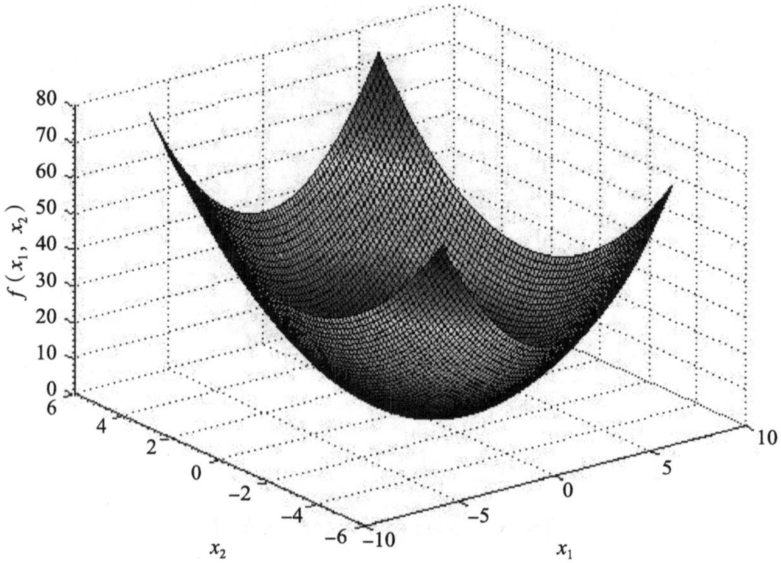

图 4-13 Sphere 函数的三维图

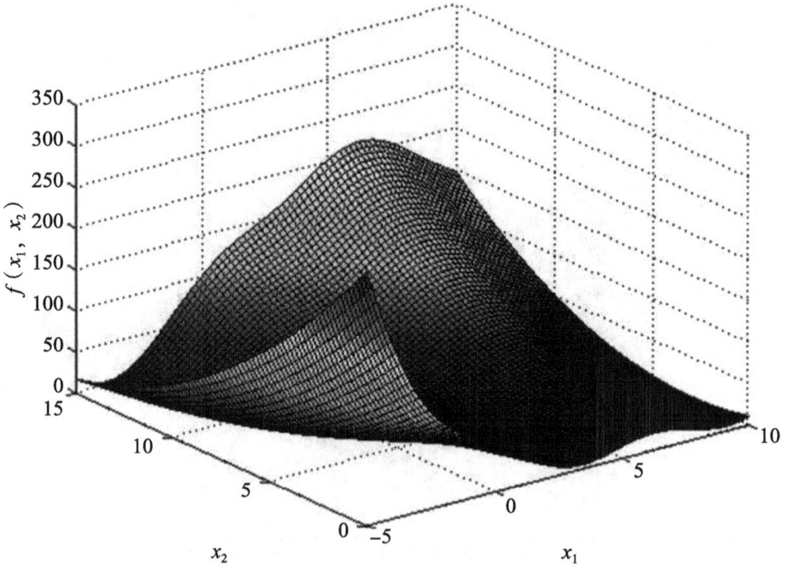

图 4-14 Branin 函数的三维图

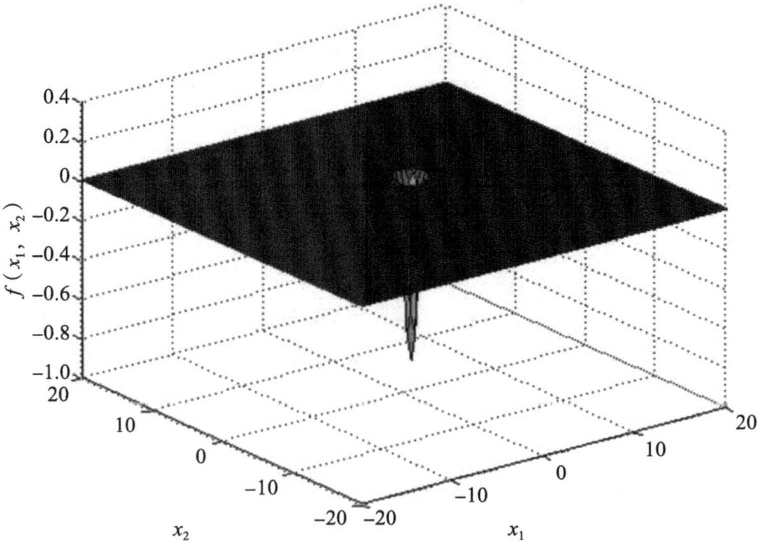

图 4-15 Easom 函数的三维图

4.6.2 测试环境和算法参数的确定

实验环境如下：CPU 为 AMD A6-5350M 2.90GHz，运行内存为 8GB，操作系统为 Microsoft Windows7，编程环境为 Matlab R2014a。表 4-3 中 CS、BA、PSO、ICS、DWCS 五种算法的种群规模、最大迭代次数、算法维数都和布谷鸟算法相同。

表 4-3 CS、BA、PSO、ICS、DWCS 五种算法设置参数

算法名称	参数设置
CS	$n=25$，$T=1000$，$pa=0.25$，$D=2/10/50/100$
BA	$A=0.25$，$r=0.5$
PSO	$c_1=c_2=2$，$w\in[0.4,\ 0.9)$
ICS	$pa_{\min}=0.0005$，$pa_{\max}=1$，$\alpha_{\min}=0.05$，$\alpha_{\max}=0.5$
DWCS	$pa\in[0.15,\ 0.55]$，$w(t)\in(0,\ 0.1]$

4.6.3 算法比较

以下表格中的数据分别为函数 $f_1(x)$ 至 $f_{16}(x)$ 在 $D=10$，50，100，或

$D=2$下五种算法的求解精度，实验环境和算法参数同 4. 6. 2 节。

表 4-4　$f_1(x)$：Griewank 函数的仿真结果

维数	算法	最优解	最差解	平均值	标准差
10	BA	1. 77E+01	1. 52E+02	5. 65E+01	3. 26E+01
	CS	1. 94E-02	7. 03E-02	4. 23E-02	1. 33E-02
	PSO	1. 11E-01	1. 24E+00	6. 08E+00	2. 50E+00
	ICS	2. 59E-04	6. 34E-02	2. 89E-02	1. 58E-02
	DWCS	0. 00E+00	0. 00E+00	0. 00E+00	0. 00E+00
50	BA	2. 08E+02	6. 19E+02	3. 76E+02	1. 05E+02
	CS	5. 91E-01	9. 98E-01	8. 45E-01	1. 13E-01
	PSO	1. 67E-01	4. 81E-01	3. 27E-01	9. 03E-02
	ICS	7. 70E-03	1. 27E-01	3. 52E-02	2. 62E-02
	DWCS	0. 00E+00	0. 00E+00	0. 00E+00	0. 00E+00
100	BA	4. 22E+02	1. 57E+03	7. 66E+02	2. 77E+02
	CS	2. 95E+00	6. 02E+00	4. 34E+00	6. 99E-01
	PSO	8. 59E-01	3. 81E+00	1. 54E+00	7. 28E-01
	ICS	1. 24E+00	1. 61E+00	1. 42E+00	8. 60E-02
	DWCS	0. 00E+00	0. 00E+00	0. 00E+00	0. 00E+00

表 4-5　$f_2(x)$：Rastrigin 函数的仿真结果

维数	算法	最优解	最差解	平均值	标准差
10	BA	3. 98E+00	88. 26E+01	3. 64E+01	1. 96E+01
	CS	1. 94E+00	11. 07E+01	6. 26E+00	1. 94E+00
	PSO	9. 97E-01	3. 03E+01	6. 22E+00	7. 16E+00
	ICS	2. 86E-04	3. 89E+00	1. 78E+00	9. 58E-01
	DWCS	0. 00E+00	0. 00E+00	0. 00E+00	0. 00E+00
50	BA	9. 35E+01	2. 77E+02	1. 75E+02	4. 80E+01
	CS	1. 16E+02	1. 90E+02	1. 53E+02	2. 28E+01
	PSO	7. 96E+01	2. 29E+02	1. 62E+02	3. 99E+01
	ICS	2. 02E+02	3. 30E+02	2. 69E+02	3. 17E+01
	DWCS	0. 00E+00	0. 00E+00	0. 00E+00	0. 00E+00

续表

维数	算法	最优解	最差解	平均值	标准差
100	BA	1. 81E+02	4. 66E+02	2. 80E+00	6. 07E+01
	CS	3. 34E+02	5. 14E+02	4. 20E+02	4. 24E+01
	PSO	3. 60E+02	6. 41E+02	5. 04E+02	6. 90E+01
	ICS	6. 66E+02	8. 15E+02	7. 47E+02	3. 79E+01
	DWCS	0. 00E+00	0. 00E+00	0. 00E+00	0. 00E+00

表 4-6 $f_3(x)$：Ackley's 函数的仿真结果

维数	算法	最优解	最差解	平均值	标准差
10	BA	1. 12E+01	1. 85E+01	1. 54E+01	1. 83E+00
	CS	2. 89E-07	3. 82E-05	8. 93E-06	8. 84E06
	PSO	1. 10E-03	1. 16E+00	9. 07E-02	2. 90E-01
	ICS	3. 5527E-15	2. 5935E-13	4. 9738E-14	5. 8934E-14
	DWCS	0. 00E+00	0. 00E+00	0. 00E+00	0. 00E+00
50	BA	1. 57E+01	1. 87E+01	1. 71E+01	7. 99E-01
	CS	2. 71E+00	5. 08E+00	3. 77E+00	6. 23E-01
	PSO	2. 41E+00	4. 24E+00	3. 33E+00	5. 15E+00
	ICS	5. 32E-02	2. 16E-01	1. 03E-01	3. 72E-02
	DWCS	0. 00E+00	0. 00E+00	0. 00E+00	0. 00E+00
100	BA	1. 53E+01	1. 81E+01	1. 70E+01	6. 50E-01
	CS	6. 07E+00	1. 01E+01	7. 38E+00	8. 98E+00
	PSO	3. 57E+00	6. 48E+00	4. 70E+00	7. 03E-01
	ICS	3. 60E+00	5. 04E+00	4. 18E+00	3. 22E+00
	DWCS	0. 00E+00	0. 00E+00	0. 00E+00	0. 00E+00

表 4-7 $f_4(x)$：Schaffer 函数的仿真结果

维数	算法	最优解	最差解	平均值	标准差
10	BA	3. 72E-02	1. 78E-01	1. 25E-01	3. 85E-02
	CS	9. 70E-03	1. 39E-02	9. 90E-03	7. 59E-04
	PSO	9. 70E-03	3. 72E-02	1. 71E-02	1. 24E-02
	ICS	9. 70E-03	3. 72E-02	1. 17E-02	7. 00E-03
	DWCS	0. 00E+00	0. 00E+00	0. 00E+00	0. 00E+00

续表

维数	算法	最优解	最差解	平均值	标准差
50	BA	2. 28E-01	4. 30E-01	3. 43E-01	6. 04E-02
	CS	7. 82E-02	1. 27E-01	1. 21E-01	1. 69E-02
	PSO	3. 72E-02	1. 27E-01	8. 55E-02	2. 63E-02
	ICS	7. 82E-02	1. 78E-01	1. 27E-01	2. 27E-02
	DWCS	0. 00E+00	0. 00E+00	0. 00E+00	0. 00E+00
100	BA	3. 46E-01	4. 72E-01	4. 13E-01	3. 76E-02
	CS	1. 78E-01	2. 28E-01	2. 00E-01	2. 46E-02
	PSO	7. 82E-02	2. 28E-01	1. 59E-01	3. 38E-02
	ICS	1. 79E-01	2. 98E-01	2. 43E-01	2. 55E-02
	DWCS	0. 00E+00	0. 00E+00	0. 00E+00	0. 00E+00

表 4-8　$f_5(x)$：Sphere 函数的仿真结果

维数	算法	最优解	最差解	平均值	标准差
10	BA	1. 94E+03	1. 19E+04	6. 21E+03	2. 72E+03
	CS	3. 63E-16	1. 50E-14	5. 60E-15	4. 13E-15
	PSO	1. 66E-08	4. 75E-04	5. 86E-05	9. 77E-05
	ICS	7. 31E-32	6. 37E-29	1. 22E-29	1. 53E-29
	DWCS	0. 00E+00	0. 00E+00	0. 00E+00	0. 00E+00
50	BA	1. 75E+04	7. 30E+04	4. 06E+04	1. 22E+04
	CS	6. 68E-01	4. 27E+00	2. 16E+00	1. 01E+00
	PSO	1. 77E+00	5. 49E+00	3. 28E+00	9. 45E+00
	ICS	2. 50E-03	1. 86E-02	7. 10E-03	4. 00E-03
	DWCS	0. 00E+00	0. 00E+00	0. 00E+00	0. 00E+00
100	BA	4. 47E+04	1. 69E+05	8. 07E+04	2. 90E+04
	CS	2. 26E+02	5. 24E+02	3. 81E+02	8. 74E+01
	PSO	2. 33E+01	7. 90E+01	3. 79E+01	1. 07E+01
	ICS	2. 47E+01	6. 88E+01	4. 83E+01	1. 15E+01
	DWCS	0. 00E+00	0. 00E+00	0. 00E+00	0. 00E+00

表 4-9　$f_6(x)$：Sum squares 函数的仿真结果

维数	算法	最优解	最差解	平均值	标准差
10	BA	7.88E-06	1.16E+02	3.28E+01	3.10E+01
	CS	1.91E-17	1.43E-15	3.08E-16	3.41E-16
	PSO	4.83E-07	6.40E-03	7.59E-04	1.40E-03
	ICS	2.41E-32	6.38E-31	1.72E-31	1.68E-31
	DWCS	0.00E+00	0.00E+00	0.00E+00	0.00E+00
50	BA	2.32E+03	1.59E+04	6.01E+03	2.95E+03
	CS	1.16E-01	5.70E-01	3.76E-01	1.22E-01
	PSO	9.81E+00	2.23E+03	1.12E+02	4.02E+02
	ICS	3.61Ee-04	2.80E-03	1.20E-03	5.08E-04
	DWCS	0.00E+00	0.00E+00	0.00E+00	0.00E+00
100	BA	1.39E+04	6.11E+04	2.79E+04	1.07E+04
	CS	9.13E+01	2.95E+02	1.50E+02	4.67E+01
	PSO	1.38E+02	7.52E+02	3.82E+02	1.23E+02
	ICS	1.06E+01	2.57E+01	1.57E+01	3.55E+00
	DWCS	0.00E+00	0.00E+00	0.00E+00	0.00E+00

表 4-10　$f_7(x)$：Zakharov 函数的仿真结果

维数	算法	最优解	最差解	平均值	标准差
10	BA	1.52E+01	2.50E+03	1.82E+02	4.51E+02
	CS	2.19E-09	4.47E-08	9.29E-09	7.89E-09
	PSO	4.88E-04	5.17E-02	1.46E-02	1.36E-02
	ICS	1.55E-11	7.61E-10	1.93E-10	1.73E-10
	DWCS	0.00E+00	0.00E+00	0.00E+00	0.00E+00
50	BA	5.26E+01	3.92E+04	4.65E+03	8.59E+03
	CS	2.60E+02	5.66E+02	4.41E+02	7.78E+01
	PSO	1.17E+02	6.83E+02	3.31E+02	1.43E+02
	ICS	1.64E+02	4.49E+02	2.88E+02	6.91E+01
	DWCS	0.00E+00	0.00E+00	0.00E+00	0.00E+00

续表

维数	算法	最优解	最差解	平均值	标准差
100	BA	1. 24E+03	3. 37E+04	6. 16E+03	8. 32E+03
	CS	1. 12E+03	2. 25E+03	1. 67E+03	3. 43E+02
	PSO	5. 97E+02	2. 32E+03	1. 28E+03	4. 15E+02
	ICS	7. 74E+02	1. 74E+03	1. 34E+03	2. 38E+02
	DWCS	0. 00E+00	0. 00E+00	0. 00E+00	0. 00E+00

表 4-11　$f_8(x)$：Schwefel's problem 1. 2 函数的仿真结果

维数	算法	最优解	最差解	平均值	标准差
10	BA	1. 13E+03	2. 01E+04	8. 33E+03	4. 91E+03
	CS	2. 93E-08	5. 05E-07	2. 05E-07	1. 05E-07
	PSO	1. 30E-03	3. 23E-01	3. 32E-02	6. 07E-02
	ICS	2. 25E-09	8. 28E-08	1. 83E-08	1. 98E-08
	DWCS	0. 00E+00	0. 00E+00	0. 00E+00	0. 00E+00
50	BA	3. 33E+04	3. 50E+05	1. 80E+05	9. 33E+04
	CS	1. 70E+03	4. 96E+03	3. 00E+03	8. 16E+02
	PSO	1. 15E+03	7. 21E+03	3. 07Ee+03	1. 34E+03
	ICS	3. 10E+03	9. 97E+03	5. 56E+03	1. 40E+03
	DWCS	0. 00E+00	0. 00E+00	0. 00E+00	0. 00E+00
100	BA	1. 22E+05	1. 47E+06	7. 43E+05	3. 14E+05
	CS	1. 93E+04	3. 99E+04	2. 66E+04	4. 81E+03
	PSO	1. 16E+04	5. 14E+04	3. 11E+04	1. 03E+04
	ICS	2. 44E+04	6. 01Ee+04	3. 76E+04	8. 67E+03
	DWCS	0. 00E+00	0. 00E+00	0. 00E+00	0. 00E+00

表 4-12　$f_9(x)$：Schwefel's problem 2. 21 函数的仿真结果

维数	算法	最优解	最差解	平均值	标准差
10	BA	2. 73E+01	5. 60E+01	3. 85E+01	7. 15E+00
	CS	5. 16E-05	4. 26E-04	1. 92E-04	1. 06Ee-04
	PSO	8. 30E-03	1. 44E-01	5. 05E-02	3. 43E-02
	ICS	2. 56E-07	2. 41E-06	7. 41E-07	5. 23E-07
	DWCS	0. 00E+00	0. 00E+00	0. 00E+00	0. 00E+00

续表

维数	算法	最优解	最差解	平均值	标准差
50	BA	4. 33E+01	7. 86E+01	6. 14E+01	8. 90E+00
	CS	1. 15E+01	2. 48E+01	1. 70E+01	3. 51E+00
	PSO	2. 76E+00	1. 41E+01	7. 22E+00	3. 22E+00
	ICS	6. 03E+00	1. 65E+01	1. 04E+01	2. 35E+01
	DWCS	0. 00E+00	0. 00E+00	0. 00E+00	0. 00E+00
100	BA	5. 07E+01	7. 86E+01	6. 36E+01	7. 31E+00
	CS	2. 13E+01	3. 50E+01	2. 60E+01	2. 92E+00
	PSO	9. 11E+00	2. 98E+01	1. 56E+01	4. 71E+00
	ICS	1. 87E+01	3. 20E+01	2. 56E+01	3. 43E+00
	DWCS	0. 00E+00	0. 00E+00	0. 00E+00	0. 00E+00

表 4-13 $f_{10}(x)$：Schwefel's problem 2. 22 函数的仿真结果

维数	算法	最优解	最差解	平均值	标准差
10	BA	3. 93E-01	4. 71E+01	1. 87E+01	1. 15E+01
	CS	1. 09E-07	9. 31E-07	3. 37E-07	1. 76E-07
	PSO	9. 80E-03	2. 25E-01	6. 62E-02	5. 62E-02
	ICS	4. 66E-18	1. 14E-16	2. 87E-17	2. 38Ee-17
	DWCS	0. 00E+00	0. 00E+00	0. 00E+00	0. 00E+00
50	BA	5. 44E+01	1. 49E+17	5. 03E+15	2. 71E+16
	CS	5. 38E-01	4. 27E+00	1. 22E+00	6. 78E-01
	PSO	4. 57E+00	3. 77E+01	1. 16E+01	8. 33E+00
	ICS	1. 32E-02	3. 85E-02	2. 45E-02	5. 90E-03
	DWCS	0. 00E+00	0. 00E+00	0. 00E+00	0. 00E+00
100	BA	1. 11E+02	2. 50E+31	8. 38E+29	4. 56E+30
	CS	1. 01E+01	1. 79E+01	1. 38E+01	2. 17E+00
	PSO	1. 50E+01	1. 23E+02	3. 65E+01	2. 08E+01
	ICS	7. 06E+00	3. 21E+01	1. 13E+01	4. 86E+00
	DWCS	0. 00E+00	0. 00E+00	0. 00E+00	0. 00E+00

表 4-14 $f_{11}(x)$：Alpine 函数的仿真结果

维数	算法	最优解	最差解	平均值	标准差
10	BA	2. 42E-01	7. 48E+00	3. 27E+00	1. 61E+00
	CS	7. 78E-02	3. 27E-01	1. 91E-01	6. 10E-02
	PSO	1. 20E-03	1. 59E-01	2. 31E-02	3. 06E-02
	ICS	3. 42E-04	5. 76E-02	8. 70E-03	1. 32E-02
	DWCS	0. 00E+00	0. 00E+00	0. 00E+00	0. 00E+00
50	BA	1. 98E+01	5. 39E+01	3. 41E+01	8. 07E+00
	CS	1. 18E+01	2. 46E+01	1. 70E+01	3. 06E+00
	PSO	2. 23E+00	1. 27E+01	7. 44E+00	2. 80E+01
	ICS	2. 53E+01	3. 78E+01	3. 14E+01	3. 82E+00
	DWCS	0. 00E+00	0. 00E+00	0. 00E+00	0. 00E+00
100	BA	5. 28E+01	1. 10E+02	7. 97E+01	1. 61E+01
	CS	3. 45E+01	6. 05E+01	4. 31E+01	6. 67E+00
	PSO	1. 16E+01	5. 07E+01	2. 71E+01	8. 77E+00
	ICS	5. 67E+01	8. 91E+01	7. 57E+01	9. 54E+01
	DWCS	0. 00E+00	0. 00E+00	0. 00E+00	0. 00E+00

表 4-15 $f_{12}(x)$：Goldstein-Price 函数的仿真结果

维数	算法	最优解	最差解	平均值	标准差
2	BA	3. 00E+00	8. 40E+01	5. 70E+01	1. 48E+01
	CS	3. 00E+00	3. 00E+00	3. 00E+00	2. 09E-15
	PSO	3. 00E+00	3. 00E+00	3. 00E+00	1. 24E-15
	ICS	3. 00E+00	3. 00E+00	3. 00E+00	1. 23E-15
	DWCS	3. 00E+00	3. 00E+00	3. 00E+00	1. 20E-15

表 4-16 $f_{13}(x)$：Branin 函数的仿真结果

维数	算法	最优解	最差解	平均值	标准差
2	BA	0. 3979	0. 3979	0. 3979	2. 49E-10
	CS	0. 3979	0. 3979	0. 3979	0. 00E+00
	PSO	0. 3979	0. 3979	0. 3979	0. 00E+00
	ICS	0. 3979	0. 3979	0. 3979	0. 00E+00
	DWCS	0. 3979	0. 3979	0. 3979	0. 00E+00

表 4-17 $f_{14}(x)$：Six-Hump Camel 函数的仿真结果

维数	算法	最优解	最差解	平均值	标准差
2	BA	-1.0316	-0.2155	-1.0044	1.49E-01
	CS	-1.0316	-1.0316	-1.0316	6.71E-16
	PSO	-1.0316	-1.0316	-1.0316	6.52E-16
	ICS	-1.0316	-1.0316	-1.0316	6.78E-16
	DWCS	-1.0316	-1.0316	-1.0316	5.83E-16

表 4-18 $f_{15}(x)$：Schaffer N. 2 函数的仿真结果

维数	算法	最优解	最差解	平均值	标准差
2	BA	2.68E-13	4.25E-01	1.25E-01	1.09E-01
	CS	0.00E+00	0.00E+00	0.00E+00	0.00E+00
	PSO	0.00E+00	0.00E+00	0.00E+00	0.00E+00
	ICS	0.00E+00	0.00E+00	0.00E+00	0.00E+00
	DWCS	0.00E+00	0.00E+00	0.00E+00	0.00E+00

表 4-19 $f_{16}(x)$：Easom 函数的仿真结果

维数	算法	最优解	最差解	平均值	标准差
2	BA	-1	0.00E+00	-2.33E-01	4.30E-01
	CS	-1	-1	-1	0.00E+00
	PSO	-1	-1	-1	0.00E+00
	ICS	-1	-1	-1	0.00E+00
	DWCS	-1	-1	-1	0.00E+00

从表 4-4 至表 4-19 的数据可以看出，在 $D=210$，50，100 或 $D=2$ 四种情况下，DWCS 算法与 BA、CS、PSO、ICS 四种算法相比，显著提高了解的质量，具有很高的寻优精度，且无论是单峰函数 $f_5(x)$，$f_6(x)$，$f_8(x)$，$f_9(x)$，$f_{10}(x)$，$f_{16}(x)$，还是拥有众多局部极值的多峰函数 $f_1(x)$，$f_2(x)$，$f_3(x)$，$f_4(x)$，$f_7(x)$，$f_{11}(x)$，$f_{12}(x)$，$f_{13}(x)$，$f_{14}(x)$，$f_{15}(x)$，DWCS 算法全部可以取得全局最优解，而且随着维数的变化算法仍然呈现出较好的搜索能力和较稳定的收敛性能，表明改进后的算法求解精度高、鲁棒性强。

而BA、CS、PSO、ICS四种算法在10维、50维、100维三种情况下，没有一种算法可以求得函数$f_1(x)$至$f_{11}(x)$的全局最优解。在10维情况下，对于函数$f_5(x)$和$f_6(x)$，ICS与BA、PSO、CS相比，求解精度分别提高了32，24，14个数量级以上；对于函数$f_3(x)$，$f_7(x)$，$f_8(x)$和$f_{10}(x)$，ICS与BA、PSO、CS相比，求解精度分别提高了10，6，1个数量级以上；对于函数$f_1(x)$，$f_2(x)$和$f_4(x)$，ICS与BA、PSO、CS相比数量级相当。从以上分析可知，BA、CS、PSO、ICS四种算法搜索性能对于高维函数从优到劣依次是ICS、CS、PSO、BA。当维数从10维上升到50维、100维时，结果与10维一样，不同的是随着维数的变化PSO的收敛精度与ICS、CS、BA三种算法相比变化比较小，表明PSO算法有较稳定的收敛性能。二维函数$f_{12}(x)$至$f_{16}(x)$，CS、PSO、ICS三种算法都求得了全局最优解，且标准差比较小，而BA只求到函数$f_{12}(x)$，$f_{13}(x)$，$f_{14}(x)$和$f_{16}(x)$的全局最优解，且标准差比较大。以上表明，BA、CS、PSO、ICS四种算法搜索性能对于低维函数从优到劣依次是ICS、CS、PSO、BA。当函数$f_1(x)$至$f_{11}(x)$维数从10维上升到50维、100维的时候，BA、CS、ICS三种算法的收敛精度明显下降，PSO算法随着维数的升高表现出较稳定的收敛性能，而DWCS算法随着维数的变化仍然呈现出较好的搜索能力和稳定的收敛性能。以上表明，在BA、CS、PSO、ICS、DWCS五种算法中，DWCS算法的鲁棒性最强。

综上所述，在10维、50维、100维或2维四种情况下，对16个函数优化问题进行求解，实验结果显示，与BA、CS、PSO、ICS算法相比，DWCS算法搜索性能最好。不论是求解低维、高维还是单峰、多峰函数优化问题，改进后的算法求解精度高、鲁棒性强，特别是对于100维高维函数$f_1(x)$至$f_{11}(x)$，DWCS算法也能收敛到全局最优解。

4.6.4 收敛曲线分析

收敛曲线可以直观地显现一种算法收敛速度的快慢、收敛精度的高低。本章展示了五种算法在16个函数下的收敛曲线对比图，其中$f_5(x)$，$f_6(x)$，$f_8(x)$，$f_9(x)$，$f_{10}(x)$和$f_{16}(x)$为单峰函数，常用于检测算法的收敛速度。$f_1(x)$，$f_2(x)$，$f_3(x)$，$f_4(x)$，$f_7(x)$，$f_{11}(x)$，$f_{12}(x)$，$f_{13}(x)$，$f_{14}(x)$

和$f_{15}(x)$为多峰函数，存在较多局部极小值，可以有效检测算法的全局收敛能力。16 幅图中图 4-16 至图 4-26 中的函数为高维函数，维数 $D=10$；图 4-27 至图 4-31 中的函数为低维函数，维数 $D=2$。所有图例如下。

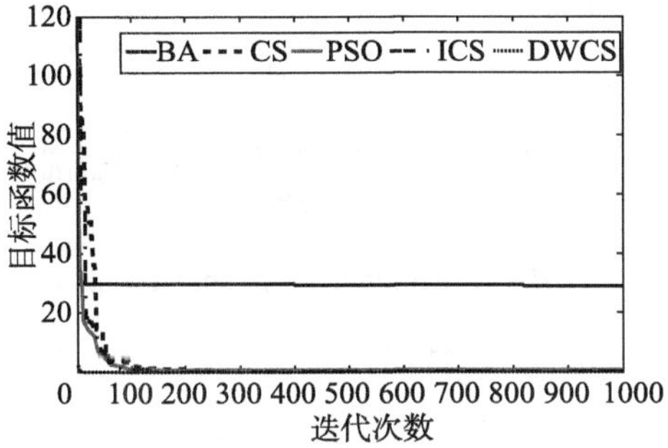

图 4-16　Griewank 函数的收敛曲线

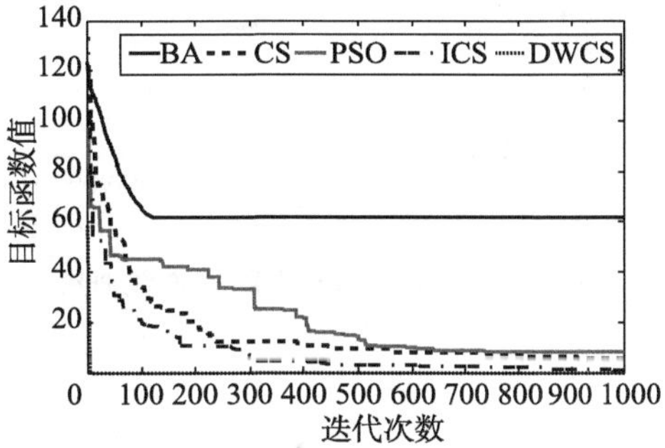

图 4-17　Rastrigin 函数的收敛曲线

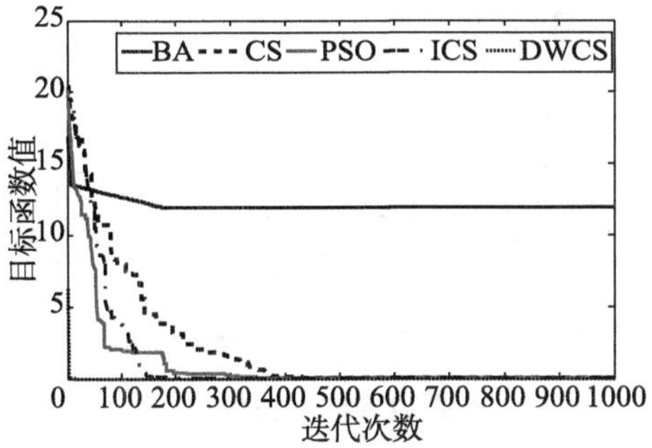

图 4-18　Ackley's 函数的收敛曲线

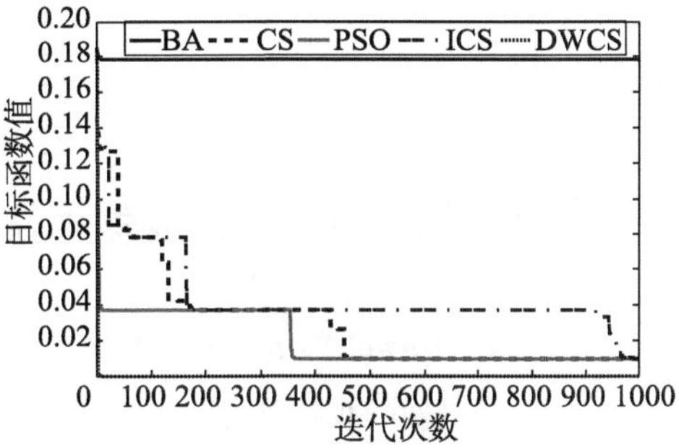

图 4-19　Schaffer 函数的收敛曲线

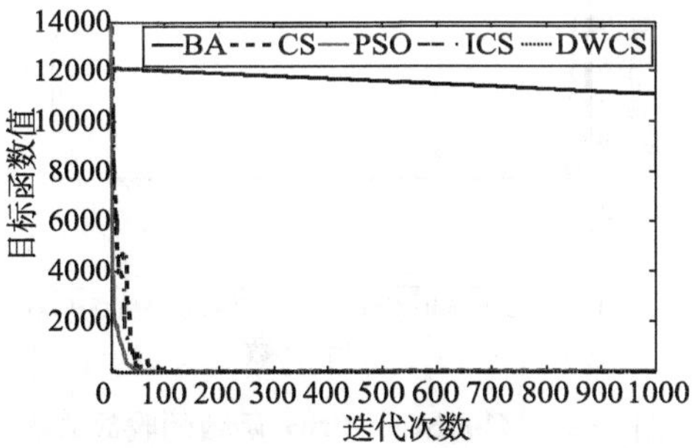

图 4-20　Sphere 函数的收敛曲线

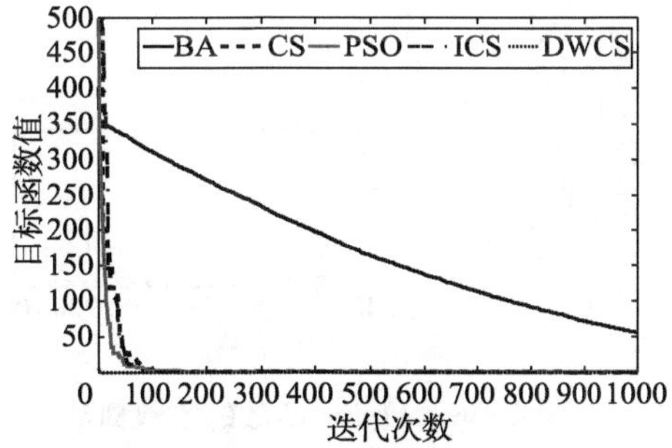

图 4-21　Sum squares 函数的收敛曲线

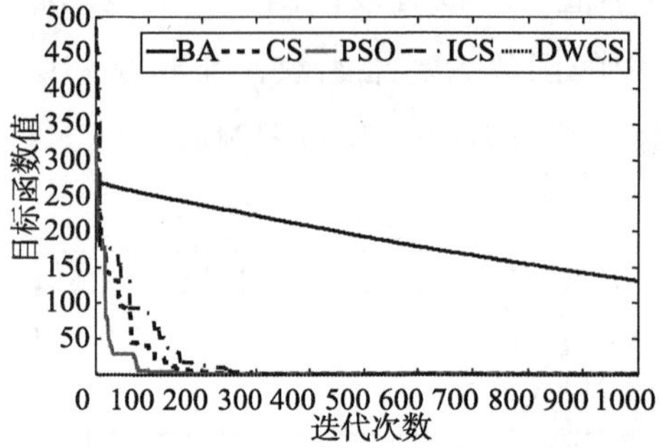

图 4-22　Zakharov 函数的收敛曲线

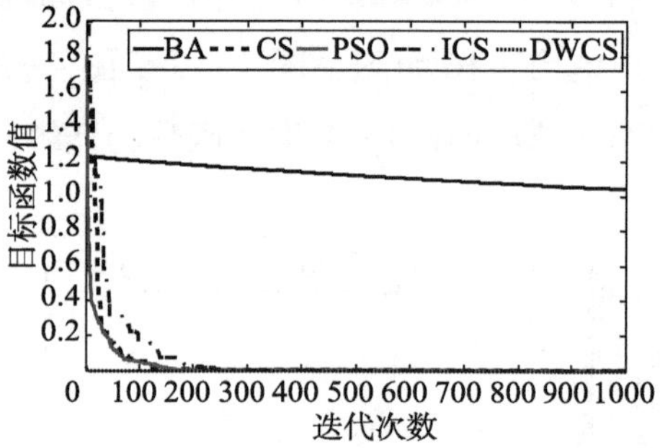

图 4-23　Schwefel's problem 1. 2 函数的收敛曲线

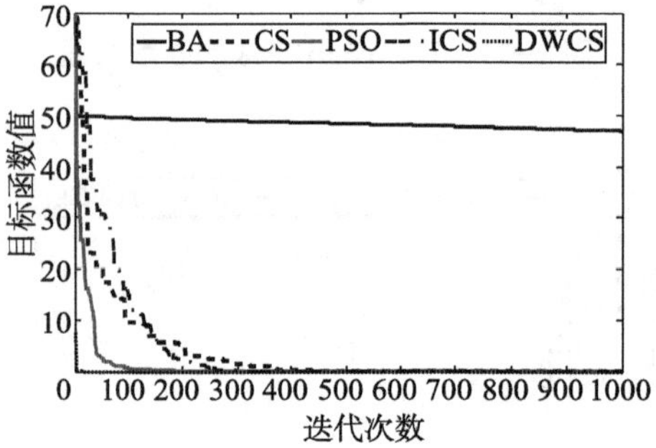

图 4-24　Schwefel's problem 2. 21 函数的收敛曲线

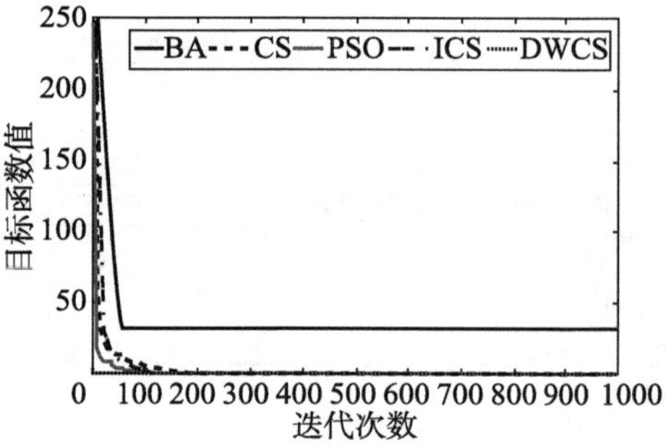

图 4-25　Schwefel's problem 2. 22 函数的收敛曲线

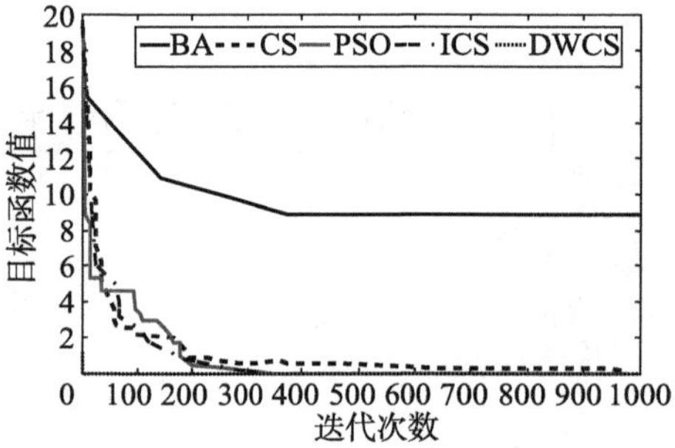

图 4-26　Alpine 函数的收敛曲线

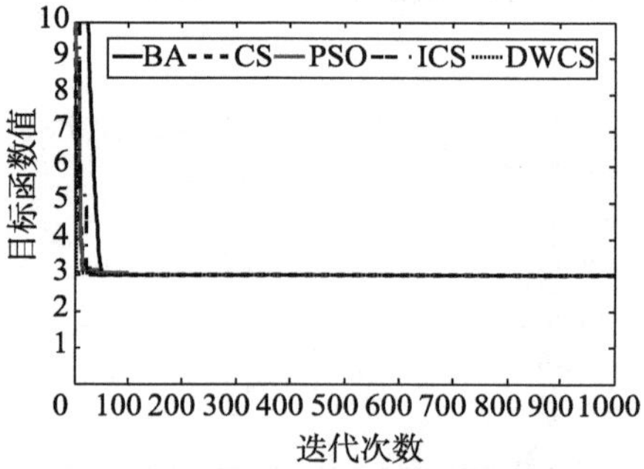

图 4-27　Goldstein-Price 函数的收敛曲线

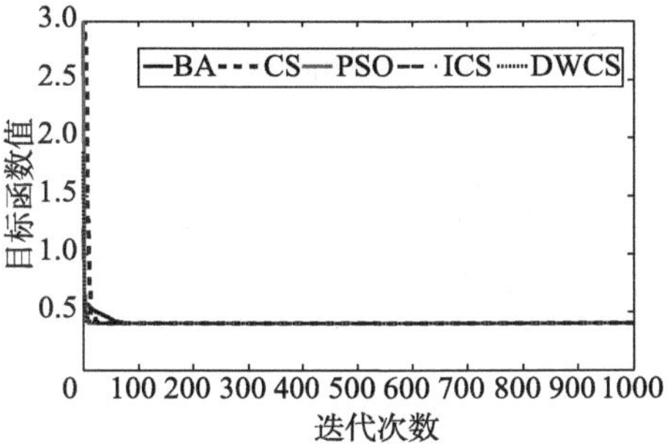

图 4-28 Branin 函数的收敛曲线

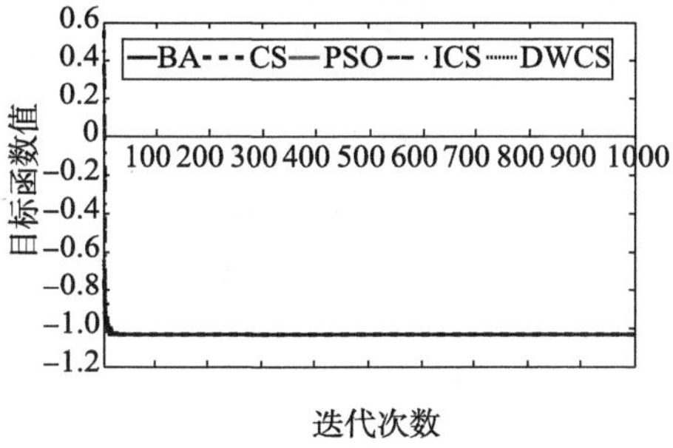

图 4-29 Six-Hump Camel-back 函数的收敛曲线

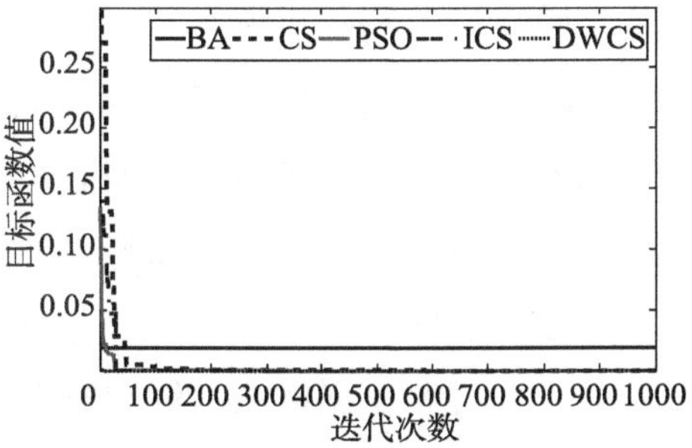

图 4-30 Schaffer N. 2 函数的收敛曲线

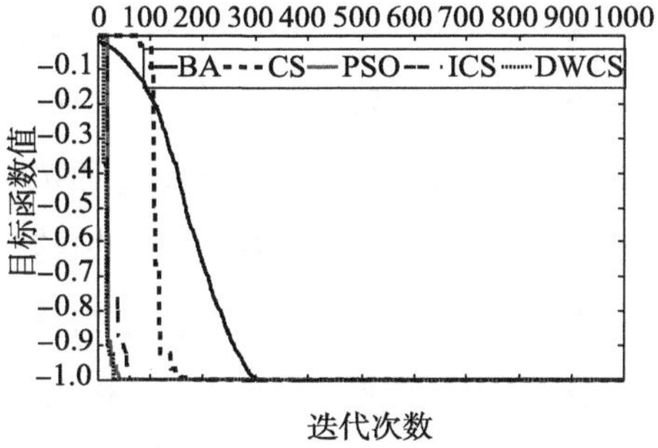

图 4-31 Easom 函数的收敛曲线

为了直观地展现 DWCS 算法的收敛速度优于 BA、CS、PSO、ICS，图 4-16至图 4-31 展示了五种算法在 1000 代以内的 16 个函数的收敛过程；从图 4-16 至图 4-31 可以看出，DWCS 算法的收敛过程明显有较好的收敛曲线。与 BA、CS、PSO、ICS 相比，DWCS 算法收敛曲线前期下降最快，且几乎在 100 代之内可以收敛到全局最优解，表明 DWCS 算法有较快的收敛速度、较好的求精能力，从而验证了表 4-4 至表 4-19 的结果。

从图 4-16 至图 4-31 中函数的收敛曲线也可以看出，在 BA、CS、PSO、ICS 四种算法中，ICS 与 BA、CS、PSO 三种算法相比，ICS 算法在前期有较快的收敛速度，在后期有较好的寻优精度；而在余下的三种算法中，CS 表现较好，PSO 次之，BA 最差。在 16 幅收敛曲线图中，BA 与其他四种算法相比收敛速度慢，寻优精度低，且易陷入局部极值，寻找到全局最优解的次数最少。

综上所述，通过对图 4-16 至图 4-31 五种算法在 1000 代以内的 16 个函数的收敛过程分析，与 BA、CS、PSO、ICS 四种算法相比，DWCS 算法明显有较好的收敛曲线，无论是单峰、多峰函数还是低维、高维函数，DWCS 算法在收敛速度和求解精度上都有很大提升。

4.7 本章小结

为求解复杂函数优化问题，将非线性惯性权重对数递减和随机调整发现概率引入到基本布谷鸟算法中，并对对数递减参数和随机调整发现概率 pa 进行了大量测试，选取 $r_{\min}=0$，$r_{\max}=0.1$，$\beta=1$ 作为对数递减最佳参数组合，$pa\in[0.15,\ 0.55]$作为随机调整发现概率最佳取值范围。此时，函数的优化效果最好。通过随进化迭代次数非线性递减的惯性权重改进鸟巢位置的方式，协调布谷鸟算法的探索和开发能力。同时，引入随机调整的发现概率 pa 代替固定值 $pa=0.25$，较大和较小的发现概率 pa 随机出现，有利于算法全局探索和局部开发能力之间的平衡、加快算法收敛速度、增加种群多样性。求解了 16 个函数优化问题，在 100 维高维求解难度下，改进的布谷鸟算法均能得到全局最优解，与 BA、CS、PSO、ICS 四种算法相比，寻优精度大幅度提高、收敛速度更快、迭代次数更少、鲁棒性更强。在 16 个测试函数中，本章改进的 DWCS 算法均能收敛到全局最优解，证明了对数递减随机概率布谷鸟算法（DWCS）的有效性和可行性。

参考文献

［1］YANG X S，DEB S. Cuckoo search via Lévy flight［C］. //Proceedings of World Congress on Nature & Biologically Inspired Computing. Coimbatore, India：IEEE，2009：210–214.

［2］YANG X S，DEB S. Engineering optimization by cuckoo search［J］. International Journal of Mathematical Modeling and Numerical Optimization, 2010，1（4）：330- 343.

［3］王众，贾陈喜，孙悦华．中杜鹃寄生繁殖及雏鸟生长一例［J］. 动物学杂志．2004，39（1）：103–105.

［4］田逢俊，宋印刚，郝树林等．大杜鹃在南四湖生态习性观察［J］. 山东林业科技．1991（1）：9–12.

［5］VISWANATHAN G M. A fanasyev V. Buldyrev SV. Murphy EJ. Prince PA. Stanley HE. Lévy flights search patterns of wandering albatrosses［J］. Nature，1996（381）：13–15.

［6］VISWANATHAN G M. A fanasyev V. Buldyrev SV. Havlin S. da Luz MGE. Raposo EP. Stanley HE. Lévy flights in random searchs［J］. Physica A Statisti-cal Mechanics and its Applications，2000（282）：1–12.

［7］VISWANATHAN G M. A fanasyev V. Buldyrev SV. Havlin S. da Luz MGE. Raposo EP. Stanley HE. Lévy flights search patterns of biological organisms［J］. Physica A Statistical Mechanics and its Applications. 2001，295：85–88.

［8］REYNOLDS A M. Cooperative random Lévy flight searches and the flight patterns of honeybees.［J］. Physics Letters A，2006（354）：384–388.

［9］REYNOLDS A M. Frye M A. Free-Flight Odor Tracking in Drosophila Is Consistent with an Optimal intermittent Scale-Free Search［J］. PloS ONE. 2007，2（4）：1–9.

［10］SELLREIER A L. Grove M. Ranging Patterns of hamadryas baboons：Random walk analyses［J］. Animal Behavior，2010，80（1）：75–87.

[11] RAMOS-FERNANDEZG. Mateos JL. Miramontes O. Cocho G. Larralde H. Ayala-Orozco B. Levy walk patterns in the foraging movements of spidermonkeys [J]. Behavioral Ecology and Sociobioblogy, 2004, 55 (3): 1743-1750.

[12] SHLESINGER M F. Search research [J]. Nature, 2006, 443: 281-282.

[13] YANG X S, DEB S. Cuckoo search via Lévy flight [C]. //Proceedings of World Congress on Nature & Biologically Inspired Computing. Coimbatore, India: IEEE, 2009: 210-214.

[14] CIVICIOGLU P, BESDOK E. A conceptual comparison of the cuckoo-search, particle swarm optimization, differential evolution and artificial bee colony algorithms [J]. Artificial Intelligence Review, 2013, 39 (4): 315-346.

[15] RAJABIOUN R. Cuckoo optimization algorithm [J]. Applied soft computing, 2011, 11 (8): 5508-5518.

[16] ONG P, ZAINUDDIN Z. An efficient cuckoo search algorithm for numerical function optimization [C] //Proceedings of The 20th National Symposium On Mathematical Sciences: Research in Mathematical Sciences: A Catalyst for Creativity and Innovation. AIP Publishing, 2013, 1522 (1): 1378-1384.

[17] JAMIL M, ZEPERNICK H J. Multimodel function optimization with cuckoo search algorithm [J]. International Journal of Bio-Inspired Computation, 2013, 5 (2): 73-83.

[18] 李煜，马良．新型元启发式布谷鸟搜索算法 [J]. 系统工程，2012 (8): 64-69.

[19] 吴炅，周健勇．整数规划的布谷鸟算法 [J]. 数学理论与应用，2013 (3): 99-106.

[20] 马卫，孙正兴．采用搜索趋化策略的布谷鸟全局优化算法 [J]. 电子学报，2015, 43 (12): 2429-2439.

[21] 王李进，尹义龙，钟一文．逐维改进的布谷鸟搜索算法 [J]. 软件学报，2013, 24 (11): 2687-2698.

[22] ZHENG H Q, ZHOU Y Q. A novel cuckoo search optimization algorithm based on Gauss distribution [J]. Journal of Computational Information

Systems，2012，8（10）：4193-4200.

[23] 周欢，李煜．具有动态惯性权重的布谷鸟搜索算法［J］．智能系统学报，2015，10（4）：645-651.

[24] 苏芙华，刘云连，伍铁斌．求解无约束优化问题的改进布谷鸟搜索算法［J］．计算机工程，2014，40（5）：224-227，233.

[25] ZHANG M. Hybrid multi-objective cuckoo search with dynamical local search［J］. Memetic Computing，2017，10（4）：1-10.

[26] 傅文渊．均衡单进化布谷鸟算法［J］．电子学报，2019，47（2）：282-288.

[27] VALIA E，TAVAKOLI S，MOHANNA S. Improved cuckoo search for reliability optimization problems［J］. Computers & Industrial Engineering，2013，64（1）：459- 468.

[28] 李荣雨，戴睿闻．自适应步长布谷鸟搜索算法［J］．计算机科学，2017，44（5）：235-240.

[29] JIN Q B，QI L F. Novel improved cuckoo search for PID controller design［J］. Transactions of the Institute of Measurement & Control，2014，37（6）：1-11.

[30] WANG L J，YIN Y L，ZHONG Y W. Cuckoo search with varied scaling factor［J］. Frontiers of Computer Science，2015，9（4）：623-635.

[31] MARELI M，TWALA B. An adaptive cuckoo search algorithm for optimization［J］. Applied Computing and Informatics，2018（14）：107-115.

[32] SALGOTRA R，SINGH U，SAHA S. New cuckoo search algorithms with enhanced exploration and exploitation properties［J］. Expert Systems With Applications，2018（95）：384-420.

[33] 赵玉新，Yang X S. 新兴元启发式优化方法［M］．北京：科学出版社，2013：192-193.

[34] SHI Y H，EBERHART R C. Empirical study of particle swarm optimization［C］. //proceedings of the 1999 Congress on Evolutionary Computation. Washington DC，USA，1999，3：1945-1949.

[35] EBERHART R C, SHI Y H. Tracking and optimizing dynamic systems with particle swarms [C]. //Proceedings of the 2001 Congress on Evolutionary Computation. Seoul, Korea, 2001: 94-100.

[36] PERAM T, VEERAMACHANENI K, MOHAN C K. Fitness-distance-ratio based on particle swarm optimization [C]. //Proceedings of the 2003 IEEE Swarm Intelligence Symposium. Indianapolis, USA, 2003: 174-181.

[37] 封京梅，刘三阳．基于惯性权重指数递减的粒子群优化算法求解绝对值方程 [J]. 吉林大学学报（理学版），2016，54（06）：1265-1269.

[38] 张迅，王平，邢建春，等．基于高斯函数递减惯性权重的粒子群优化算法 [J]. 计算机应用研究，2012，29（10）：3710-3712，3724.

[39] 戴文智，杨新乐．基于惯性权重对数递减的粒子群优化算法 [J]. 计算机工程与应用，2015，51（17）：14-19，52.

[40] VALIA E, TAVAKOLI S, MOHANNA S. Improved cuckoo search for reliability optimization problems [J]. Computers & Industrial Engineering, 2013, 64 (1): 459- 468.

[41] YANG X S. A new meta heuristic bat-inspired algorithm [C]. Nature inspired cooperative strategies for optimization, Studies in Computational Intelligence284. Berlin: Springer-Verlag, 2010: 65-74.

第 5 章

物流机器人路径规划

“智能制造”既是全球制造业发展方向，也是我国落实工业化和信息化深度融合、打造制造强国的战略举措[1]，作为中国制造的一个重要发展方向，得到了国家的大力支持，为物流机器人的发展提供了良好的政策环境。同时，我国物流运输市场的快速发展使得货运量、快递量高速增长，对物流机器人的需求持续上升。物流机器人的使用降低了人工成本，提高了电商、物流等企业的效率。[2]未来，将有越来越多电商、物流企业投入研发、配置物流机器人，以产品、系统等形式进入市场。

目前，物流机器人处于发展阶段，现有的产品只适用于基本的应用场景。随着标准体系的升级、完善，行业技术将升级，产品将逐渐智能化，与 AI 的融合程度将不断加深。

路径规划是移动机器人决策的重要部分。路径规划问题可以描述为：机器人在一个未知、半未知、已知环境下实现对空间路径的规划，在规划的空间位置上机器人能够无碰撞、快速地从起始点到达目标点。同时，根据一定的约束条件使得规划路线在能耗、时间、长度等方面具有优势。[3]良好的路径规划可以减少碰撞次数，提高工作效率，增加系统稳定性。

5.1 物流机器人

物流机器人是指应用于仓库、分拣中心以及运输途中等场景的，进行货物转移、搬运等操作的机器人。近年来，机器人产业已发展成为智能制造的一个重要方向。为扶持该产业发展，国家陆续出台多项政策，物流机器人产业大大受益。随着智能化技术的迅速发展和产业的智慧升级，智能移动机器人在越来越多的领域得到了广泛应用，如货物搬运、智慧生产、智能生活、异常环境探测、水下作业、太空探索等。[4-5]在不同的应用场景下，物流机器人可以分为 AGV 机器人、码垛机器人、分拣机器人。

5.1.1 AGV 机器人

AGV 即 automated guided vehicle，是指一种高性能的移动运输职能设备，主要用于货运的搬运和移动，如 AGV 搬运机器人和 AGV 小车等。AGV 机器人自动化程度高、美观、易维护、可预测、调度能力和灵活性强、安全性高、后期成本低、操作规范，可降低产品损伤率，仅需较小的场地要求就可以改善物流管理，还可以在特殊工作环境下完成任务，并可使用电脑和手机 APP 软件进行终端操控。

随着工厂自动化、计算机集成制造系统技术逐步发展以及柔性制造系统、自动化立体仓库的广泛应用，AGV 作为联系和调节离散型物流管理系统，使其作业连续化的必要自动化搬运、装卸手段，其应用范围和技术水平得到了迅猛发展。目前，其广泛应用于工厂内部工序间的搬运环节、制造系统和物流系统的连续运转以及国际化大型港口的集装箱自动搬运等场景，特种行业、餐饮服务业和食品医药业也越来越多地使用 AGV 机器人。

在国内工业机器人需求量激增以及智慧物流等一系列政策的推动下，AGV 机器人销售量持续增长。数据显示，2017 年中国 AGV 销量达到 1.35 万台，与 2016 年的 0.67 万台同比增长 101.5%。随着 AGV 在其他领域的渗透，预计未来中国 AGV 销量将有较大增长。

AGV 搬运机器人是通过特殊地标导航自动将物品运输至指定地点，主要有以下三种方式。

（1）电磁感应式：即我们最常见的磁条导航，通过在地面粘贴磁性胶带，AGV 自动搬运车经过时车底部的电磁传感器会感应到地面磁条地标，从而实现自动行驶运输货物，站点定义则依靠磁条极性的不同排列组合设置。

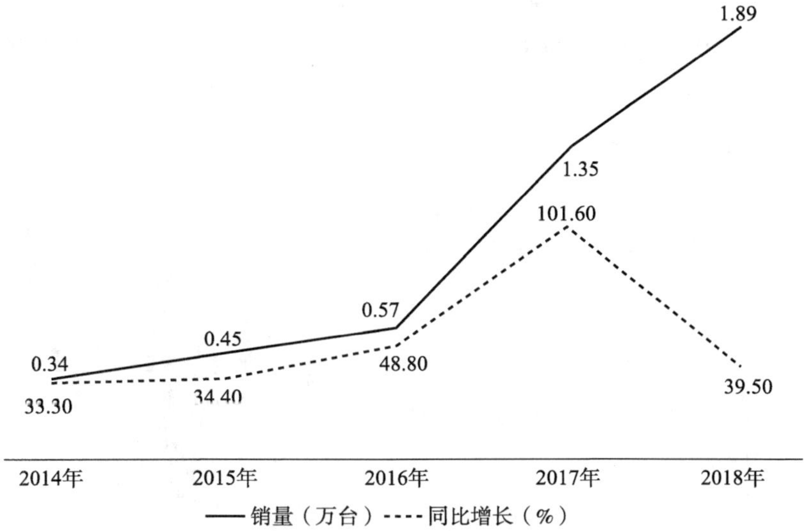

图 5-1　2014—2018 年我国 AGV 销量统计及增长情况

数据来源：中商产业研究院。

图 5-2　带机械臂履带式 AGV 小车

（2）激光感应式：通过激光扫描器识别设置在其活动范围内的若干个

定位标志来确定其坐标位置，从而引导 AGV 运行。

（3）RFID 感应式：通过 RFID 标签和读取装备自动检测坐标位置，实现 AGV 小车自动运行。站点定义通过芯片标签任意定义，即使是最复杂的站点设置也能轻松完成。

图 5-3　AGV 小车

5.1.2　码垛机器人

码垛机器人结构简单、零部件少、故障率低、性能可靠、能耗低、适用性强、速度快、效率高、作业场地要求低，只需定位抓起点和摆放点即可完成操作，且全部操作都可在控制柜屏幕上完成。

码垛机器人主要用于纸箱、袋装、罐装、箱体、瓶装等各种形状的包装物品码垛/拆垛作业，包括直角坐标式机器人、关节式机器人和极坐标式机器人，常用于仓储、码头、工厂等场所。

数据显示，2017 年码垛机器人销量约为 4.3 万台，同比增长 33%。未来，智能仓储的建立及智慧工厂的发展将带来码垛机器人的大规模应用。

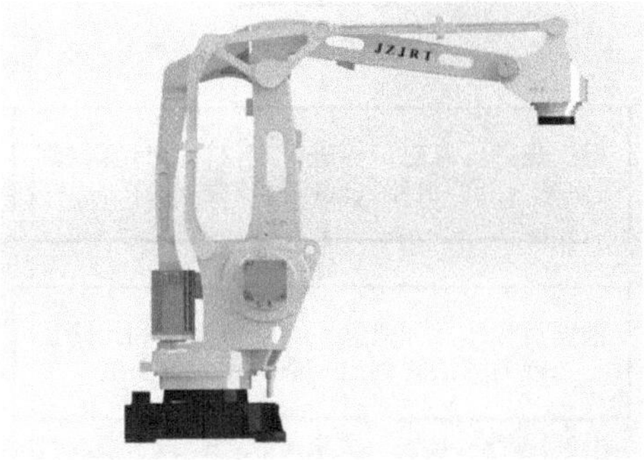

图 5-4　码垛机器人

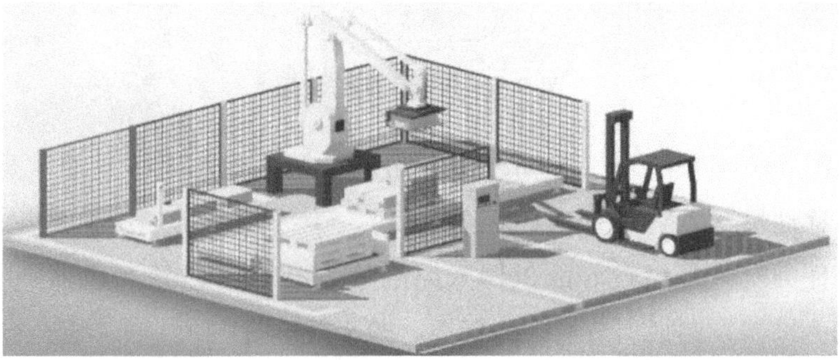

图 5-5　码垛机器人

5.1.3　分拣机器人

分拣机器人主要用于货物分拣，通过传感器、物镜、图像识别系统和多功能机械手等设备完成作业。分拣机器人根据图像识别系统识别物品形状，机械手抓取物品放到指定位置，通过这些设备实现货物快速分拣。

目前，亚马逊、京东、阿里巴巴等电商平台已投入使用，申通、顺丰等快递企业也开始利用分拣机器人以提高工作效率。

5.2　路径规划

智能移动机器人一般的作业过程如图 5-6 所示。

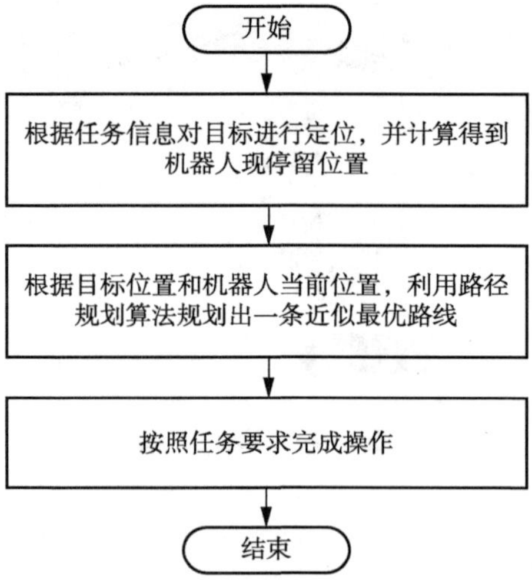

图 5-6　机器人工作流程

从图 5-6 可以看出，移动机器人路径规划是机器人作业的重要部分，是整个移动机器人研究的一项关键技术。[6-7] 例如，在执行抢险救灾、货物搬运等任务时，采用较好的机器人路径规划技术可以提高机器人作业效率、减少机器人磨损、节约人力资源、减小资金投入。[8]

规划的路径应该是最佳无冲突的，并且有助于在复杂环境中实现特定任务。[9-10] 目前，机器人路径规划一般采用圆弧[11-12]、直线[13-22] 来分段构造和表示机器人的移动路径。这样的表示方式使得机器人在移动过程中转折点较多，欠缺连续平滑性，出现急停、急转情况时，机器人移动缺乏可靠性且易造成相关部件损坏。而三次样条插值方法则是通过一系列基于三次多项式的插值区间，拟合出一条光滑曲线。这种方法产生的机器人路径曲线更为平滑，可以保证机器人在急停、急转时具有更好的动力学特性，有着直线与圆弧拟合路径无法比拟的优越性。基于圆弧和直线的这些特点，本章采用三次样条插值曲线构造和表示机器人移动路径。

国内外学者已经就移动机器人路径规划问题做了大量的工作并取得了不少成果，如可视图法[13]、自由空间法[11]、人工势场法[14]、A * 算法[15]、深度学习方法[12]、强化学习方法[16] 等。

但可视图法的路径是多条直线相连接，路径不够平滑，不易找出最优路径。自由空间法的复杂度与空间中障碍的数量成正相关关系，故此方法不适用于复杂障碍空间。人工势场法存在容易陷入局部最优解和终点不可达的缺点。而A＊算法存在内存开销大、计算时间长等不足。深度学习方法存在工作空间不完全可观察且较不稳定的问题。强化学习方法在面对复杂环境时，其状态空间的尺寸会变得非常庞大，无法在较小资源中实现实时的路径规划。随着环境系统复杂性及任务难度的增加，传统的路径规划方法难以取得理想的效果。

近年来，大量研究和实验发现，仿生智能优化算法在求解机器人路径规划方面具有独特的优势，并且多种智能优化算法已经成功应用于路径规划的搜索策略中，如蚁群优化算法[17]、人工鱼群算法[18]、遗传算法[19-20]、粒子群算法[21-22]等。但遗传算法容易产生很多含有障碍的无效路径，影响了算法的效率；基本的蚁群优化算法存在搜索时间长，易于停滞等缺点。因此，研究速度更快、环境适应性更强、路径规划更优的算法成为研究者追求的目标。

为寻找更好地解决机器人路径规划问题，本章使用蝙蝠算法进行路径规划。为提高路径规划效果，首先应解决基本蝙蝠算法易陷入局部极值、寻优精度不高、算法后期收敛速度较慢等问题，提出具有反向学习和正切随机探索机制的蝙蝠算法（a bat algorithm with reverse learning and tangent random exploration mechanism，简记为PTRBA）[23]。

5.3 具有反向学习和正切随机探索机制的蝙蝠算法(PTRBA)

与其他群智能算法一样，蝙蝠算法在优化过程中，种群的多样性和算法的深度挖掘能力之间始终存在矛盾。对标准蝙蝠算法的改进，目的都是希望在加强算法局部搜索能力的同时，保持种群的多样性，防止算法在快速收敛的同时出现早熟收敛。本章的改进也是基于这一思想，即利用正切随机探索机制在加强算法局部开采能力的同时，依靠动态扰动系数和反向学习选择策略提高蝙蝠种群的多样性，扩大蝙蝠的搜索范围。具体改进策略如下。

5.3.1 动态扰动系数

在基本蝙蝠算法的全局搜索阶段，蝙蝠种群利用公式（3-4）进行位置更新，公式（3-4）中 v_i^t 是通过公式（3-3）求解得出的，从公式（3-3）中我们可以看到，v_i^t 的求解过程中出现了 $x_i^{t-1}-x_*$。$x_i^{t-1}-x_*$ 是上一代蝙蝠位置到当前最优位置的距离，蝙蝠在每次进行全局搜索时，都要受到这个距离的直接牵引和约束。这样的方式容易使蝙蝠种群进行全局搜索时跳不出局部最优，算法极易陷入局部极值。针对这个问题，本书提出了一种动态扰动系数方法，在公式（3-4）中对上一代蝙蝠位置进行扰动，改变其位置，扩大蝙蝠种群捕食的灵活性，使蝙蝠的全局搜索能力得到提高。动态扰动系数 α 的公式为（5-1），公式（3-4）的改进公式为（5-2）。

$$\alpha=1+\cos\left(\frac{-\pi t}{2\cdot T_{\max}}-\frac{\pi}{2}\right)-K\cdot betarnd(\,) \tag{5-1}$$

$$x_i^t=\alpha\cdot x_i^{t-1}+v_i^t \tag{5-2}$$

其中，t 是当前迭代次数，$T_{\max}$ 是最大迭代次数。α 随着迭代次数的增加而自适应减小，在算法前期对上一代的蝙蝠位置扰动力度较大，以此减轻 $x_i^{t-1}-x_*$ 对蝙蝠向更广阔范围探索的约束，扩大蝙蝠种群的搜索范围；在算法后期对上一代蝙蝠位置扰动力度较小，有利于提高算法的深度挖掘能力。K 为扰动偏离因子，经多次实验反复测试，当 $K\in[0.1,\ 0.9]$ 时寻优效果最佳，本书取值为 0.5。$betarnd(\,)$ 为服从贝塔分布的随机数，其作用是对递减的 α 值进行扰动，进一步增强蝙蝠捕食的灵活性，增强算法的全局搜索能力。

5.3.2 正切随机探索机制

蝙蝠种群利用公式（3-5）进行局部搜索，是以当前最优蝙蝠作为参考，向外进行随机搜索，公式（3-5）中的 $\alpha\in[-1,\ 1]$ 是一个均匀随机数，这样的均匀探索方式使算法在局部搜索阶段易陷入盲目状态，不能较好地体现局部搜索的挖掘能力。针对这个问题，我们受柯西分布函数[24]的启发，利用公式（5-3）对算法在局部搜索阶段的随机方式进行改进。

$$x_{new}=x_{old}+A^t\cdot\tan\left[\pi\cdot\left(r-\frac{1}{2}\right)\right] \tag{5-3}$$

其中，r 是［0，1］上的均匀分布随机数，$\tan\left[\pi\cdot\left(r-\frac{1}{2}\right)\right]$ 的值有两个特征：特征一，主要分布在 0 左右；特征二，会有极少一部分数值较大的数。特性一使蝙蝠种群在当前最优值附近搜索，增强算法局部开采能力，特征二使算法更容易跳出局部极值，从而使蝙蝠算法的局部寻优机制更具策略性，而不只是盲目地随机探索。

5.3.3 反向学习选择策略

Tizhoosh[25]给反向学习下的定义如下。

定义 1：若 x 是定义在实数集 R 上的一个区间［a，b］的一个实数，即 $x\in[a, b]$，则 x 的反向解 x_1 定义为

$$x_1=a+b-x \tag{5-4}$$

定义 2：若 $P(x_1, x_2, \cdots, x_n)$ 是 n 维空间上的一个点，x_1，x_2，…，x_n 为实数，且 $x_i\in[a_i, b_i]$，则其反向解定义为

$$x_i^*=a_i+b_i-x_i \quad i=1, 2, 3, \cdots, n \tag{5-5}$$

结合上述两个定义，把反向学习选择策略运用到蝙蝠算法的进化机制中，把 $P(x_1, x_2, \cdots, x_n)$ 看作蝙蝠位置，依据定义 2 得到其反向解，比较原蝙蝠位置和其反向解的适应度函数值。若反向解的适应度函数值优于原蝙蝠位置的适应度函数值，则用反向解代替原蝙蝠位置。反向学习选择策略的引入，增强了蝙蝠种群的多样性，进一步弥补了基本蝙蝠算法易陷入局部极值的不足，更好地平衡了算法的全局寻优和局部挖掘的能力。

5.3.4 PTRBA 算法流程

步骤 1　初始化蝙蝠个体数 n、蝙蝠的速度 v_i、声波响度 A_i、脉冲发射速率 r_i、声波频率的最大值 f_{max} 和最小值 f_{min}、最大迭代次数 T_{max} 以及空间维数 d。

步骤 2　随机初始化每只 s 蝙蝠的位置 x_i，根据适应度函数 $f(x)$ 求出每只蝙蝠的适应度函数值，并找出当前最优值 $f_{\min}(x)$ 和当前最优蝙蝠位置 x_*。

步骤 3　通过公式（3-2）、公式（3-3）、公式（5-2）对蝙蝠个体的脉冲频率、速率、位置进行更新，产生更新后的蝙蝠位置 x_i^t。这个过程称为“全局搜索”。

步骤 4　生成均匀分布随机数 P，如果 $P>r_i$，则利用公式（5-3）在当前最优个体附近进行局部搜索，产生一个新的位置 x_{new}，此时用 x_{new} 的值替换 x_i^t 的值。

步骤 5　利用反向学习选择策略对步骤 3 或步骤 4 中产生的蝙蝠位置 x_i^t 进行扰动，生成一个新的蝙蝠位置 x_l。如果 $f(x_l)<f(x_i^t)$，则用 x_l 的值替换 x_i^t 的值。

步骤 6　生成均匀分布随机数 $rand$，若 $rand<A_i$（第 i 只蝙蝠的声波响度）且 $f(x_i^t)<f(x_i^{t-1})$，则接受本次迭代更新产生的蝙蝠个体位置 x_i^t。然后，按照公式（3-6）对声波响度 A_i 和脉冲发射速率 r_i 进行更新。

步骤 7　比较 $f(x_i^t)$ 与 $f(x_*)$ 的大小。若 $f(x_i^t)<f(x_*)$，则接受 $f(x_i^t)$ 为当前最优解，x_i^t 为当前最优个体。

步骤 8　执行步骤 3 至步骤 8，直到算法达到最大迭代次数。

步骤 9　输出全局最优解。

5.4 PTRBA 基于三次样条插值实现机器人路径规划

本节把改进后算法与三次样条插值方法相结合，定义了以路径节点为基础的编码方式，构造了以求解移动机器人绕避障碍和最短路径为目标的方法和适应度函数求解机器人路径规划问题。通过简单和复杂障碍环境、单机器人和多机器人环境下进行的路径规划实验，发现改进算法对于求解机器人全局路径规划问题具有很好的可靠性和有效性。

5.4.1 三次样条插值

三次样条插值是一种分段式插值方法，通过一系列基于三次多项式的插值点区间，形成一条光滑曲线。用三次样条插值方法拟合出的机器人移动路径曲线更加平滑，可以保证机器人在急停或急转时有较好的动力学特性，具有用直线与圆弧拟合移动机器人路径无法比拟的优点。本书将三次样条插值方法融入改进蝙蝠算法 PTRBA 中，用于求解机器人全局路径规划问题。

设在区间 $[a, b]$ 取 $n+1$ 个结点 $a=x_0<x_1<\cdots<x_n=b$，给定这些结点的函数值 $f(x_i)=f_i(i=0, 1, 2, \cdots, n)$，若 $s(x)$ 满足条件：

(1) $s(x)\in C^2[a, b]$；

(2) $s(x_i)=f_i$ $(i=0, 1, 2, \cdots, n)$；

(3) 在每个小区间 $[x_i, x_{i+1}]$ 上，$s(x)$ 是三次多项式，则称 $s(x)$ 为三次样条插值函数。

三次样条插值函数是分段三次多项式，在每个小区间 $[x_i, x_{i+1}]$ 上可以写成：

$$s(x)=a_ix^3+b_ix^2+c_ix+d_i \quad i=0, 1, 2, \cdots, n-1$$

其中，a_i，b_i，c_i，d_i 为待定系数，所以 $s(x)$ 共有 $4n$ 个待定系数。为了确定 $s(x)$，必须有对应的 $4n$ 个条件。由 $s(x_i)=f_i$ $(i=0, 1, 2, \cdots, n)$ 可知 $n+1$ 个插值条件，由 $s(x)\in C^2[a, b]$ 可知，$s(x)$ 在区间 $[a, b]$ 上二阶连续可导，可导必连续。所以，$s(x)$ 的导数在区间 $[a, b]$ 上必然连续，在 $n-1$ 个插值点处也必然连续，即 $s''_-(x_i)=s''_+(x_i)$ $(i=0, 1, 2, \cdots, n-1)$，共 $n-1$ 个条件。既然 $s(x)$ 二阶可导，则 $s(x)$ 必然一阶可导且 $s'(x)$ 连续，可导必连续，可得

$$s'_-(x_i)=s'_+(x_i) \quad i=0, 1, 2, \cdots, n-1$$

$$s_-(x_i)=s_+(x_i) \quad i=0, 1, 2, \cdots, n-1$$

可得 $2(n-1)$ 个条件。到此为止，共有 $4n-2$ 个条件，再补充两个边界条件就可以确定 $s(x)$。常用的边界条件有以下三种：

(1) 给出两个端点处的一阶导数值。

（2）给出两个端点处的二阶导数值。

（3）$s(x)$是以 $b-a$ 为周期的函数。

5.4.2 编码

由上可知，三次样条插值是一种分段式插值方法，段与段之间的交接处，我们称之为路径结点。段与段之间的样条是不同的，而整个样条曲线则是一阶连续的且在路径结点处二阶连续。因此，分段样条之间的方向也可能不同，路径结点就代表了整个路径的最大转向次数。即使在复杂环境下，一般经历 3~5 次转向就能绕开所有障碍物。依此，本书以一条路径上的所有结点作为一个蝙蝠个体的编码。也就是说，一个蝙蝠个体代表了对应路径上的所有路径结点，即一条路径上所有 m 个路径结点的横坐标集合构成了蝙蝠个体的 m 维横坐标。相应地，一条路径上所有 m 个路径结点的纵坐标集合构成了蝙蝠个体的 m 维纵坐标。

假设已知 m 个路径结点的坐标（x_{m1}，y_{m1}），（x_{m2}，y_{m2}），…，（x_{mm}，y_{mm}）以及起点和终点的坐标（x_s，y_s），（x_t，y_t）。在区间（x_s，x_{m1}，x_{m2}，…，x_{mm}，x_t）和（y_s，y_{m1}，y_{m2}，…，y_{mm}，y_t）上，通过三次样条插值得到 n 个插值点的横坐标（x_1，x_2，…，x_n）和纵坐标（y_1，y_2，…，y_n）。此时，得到了 n 个插值点。由路径结点和插值点以及起点和终点组成的连线就是我们要求的机器人路径。

5.4.3 构建适应度函数

机器人路径规划要满足两个条件：①不能与障碍物发生碰撞；②路径长度要尽可能短。本书就以满足上述条件的无碰撞的路径长度最短作为适应度函数的评价标准。

本书构造的适应度函数为

$$z=L\cdot(1+\beta\cdot P) \tag{5-6}$$

其中，β 是一个足够大的数，用以排除通过障碍物区域的路径，这里取值为 100。L 是机器人从起点到终点的路径长度，其计算公式为

$$L=\sum_{i=1}^{n}\sqrt{(x_{i+1}-x_i)^2+(y_{i+1}-y_i)^2} \tag{5-7}$$

其中，(x_i, y_i) 为第 i 个插值点的坐标。

P 是一个标志变量，其初始值设置为 0。P 的求值过程如下：

for　$k=1: nobs$

$$d_k=\sqrt{(xx-xobs_k)^2+(yy-yobs_k)^2} \tag{5-8}$$

$$\theta_k=\max(1-d_k/robs, 0) \tag{5-9}$$

$$P=P+mean(\theta_k) \tag{5-10}$$

end

为了计算方便，可将障碍物设置为圆形表示，$nobs$ 是障碍的总个数，xx 为一条路径上所有插值点横坐标的集合，yy 是所有插值点纵坐标的集合。$(xobs_k, yobs_k)$ 为第 k 个障碍的圆心坐标，$robs_k$ 为第 k 个障碍的半径。公式（5-8）是为了求出一条路径上所有插值点到第 k 个障碍圆心的距离，我们把这个距离称之为 d_k。公式（5-9）是为了判断路径是否经过第 k 个障碍，若路径经过第 k 个障碍，则集合 θ_k 中必存在有大于 0 的数。若路径没有通过任何一个障碍，则集合 θ_k 中的数都是 0。公式（5-10）中 $mean(\theta_k)$是集合 θ_k 中所有数的平均数，P 是一个累加值，即 $nobs$ 个的 $mean(\theta_k)$值相加之和。若所求的路径没有通过障碍物区域，则 $P=0$；反之，P 是一个大于 0 的数。

5.4.4 算法流程

步骤 1　根据具体环境确定路径结点的个数 m；确定插值点的个数 n；确定机器人的起点 (x_s, y_s) 和终点 (x_t, y_t)；确定算法的最大迭代次数 $T_{\max}$、蝙蝠的种群规模 $npop$、速度 v_i、声波响度 A_i、脉冲发射速率 r_i、声波频率的最大值 $f_{\max}$ 和最小值 $f_{\min}$。

步骤 2　初始化蝙蝠位置，每只蝙蝠位置坐标形如 $[(x_{m1}, x_{m2}, \cdots, x_{mm}), (y_{m1}, y_{m2}, \cdots, y_{mm})]$，$(x_{m1}, y_{m1}), (x_{m2}, y_{m2}), \cdots, (x_{mm}, y_{mm})$，分别为 m 个路径结点的坐标。利用公式（5-5），求出其反向解。

步骤 3　利用三次样条插值方法和 $(x_s, x_{m1}, x_{m2}, \cdots, x_{mm}, x_t)$，求出 n 个插值点的横坐标 $(x_1, x_2, \cdots, x_n)$。同理，可求出 n 个插值点的纵坐标 $(y_1, y_2, \cdots, y_n)$。此时，得出 n 个插值点的坐标 (x_1, y_1)，$(x_2,$

y_2)，…，(x_n，y_n)。

步骤 4　利用公式（5-7）计算出路径长度，就是 n 个插值点之间的距离。

步骤 5　利用公式（5-8）、公式（5-9）、公式（5-10）判断此路径是否经过障碍区，并得出标志变量 P 的值。

步骤 6　利用公式（5-6），计算适应度函数的值。同理，求出其反向解的适应度值。

步骤 7　比较蝙蝠位置和其反向解的适应度值。若后者小于前者，则用反向解代替原蝙蝠位置。

步骤 8　利用公式（3-2）、公式（3-3）、公式（5-2）、公式（5-3）分别对蝙蝠位置进行更新，即得出更新后具有 m 个路径结点坐标的路径。

步骤 9　重复执行步骤 3 至步骤 8，直到算法达到最大迭代次数。

步骤 10　得到并输出最短路径。

5.4.5　求解机器人全局路径规划的仿真实验

为了验证本书算法在求解机器人路径规划问题上的有效性与可行性，在保证客观、公正的前提下，将改进算法 PTRBA 与标准粒子群算法[26]、基本蝙蝠算法[27]以及文献[28]中提出的改进蝙蝠算法——融合均匀变异与高斯变异的蝙蝠优化算法（UGBA）进行实验对比分析，从而全面检验 PTRBA 算法的寻优性能。

为了保证算法比较客观和公平，PSO、BA、UGBA、PTRBA 算法均采用相同软、硬件平台，运行环境为 Microsoft Windows7、编程环境为 Matlab R2014a。仿真实验中，四种算法的种群规模、最大迭代次数保持一致，即 $npop=150$，$T_{\max}=100$。BA、UGBA、PTRBA 算法中的声波响度、脉冲发射速率主要控制着算法的局部搜索能力。基于公正性，本书对以上两个参数的设置与基本蝙蝠算法保持一致，即 $A_0=0.25$，$r_0=0.5$。PSO 算法中的学习因子 c_1、c_2 分别决定粒子个体经验和群体经验对粒子运行轨迹的影响。在 PSO 算法中，个体经验和群体经验有着同等重要的影响力，一般设置为 $c_1=c_2=1.5$，本书采用同样的取值。

（1）单机器人系统的路径规划及算法寻优性能分析。对于单机器人系统，分别在简单障碍环境和复杂障碍环境下进行路径规划对比实验。在简单环境下，设置障碍个数为 6，路径结点个数为 3。在复杂环境下，设置障碍个数为 11，路径结点数设置为 4。两种环境下的插值点个数都设置为 100。具体实验结果如图 5-7 至图 5-10 和表 5-1、表 5-2 所示。

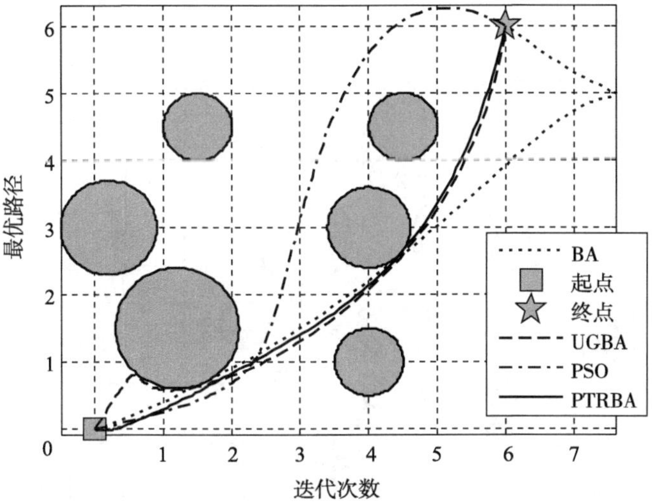

图 5-7　简单环境下四种算法路径规划对比

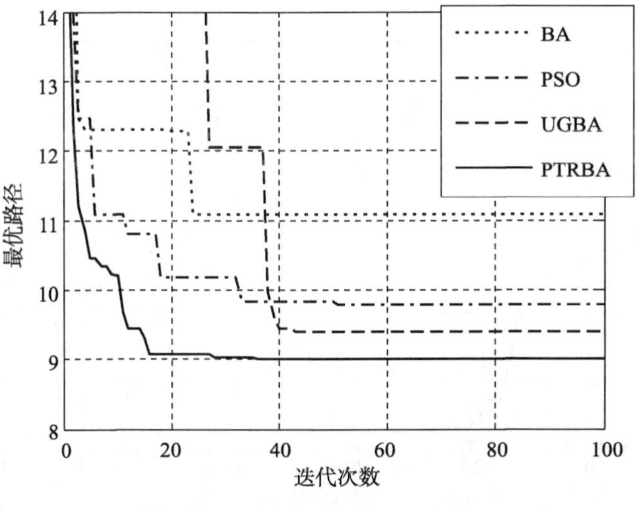

图 5-8　简单环境下四种算法迭代曲线对比

表 5-1 简单环境下四种算法所求路径长度对比

算法	最优解	最差解	平均值
PSO	9. 0853	9. 8596	9. 4564
BA	10. 9109	13. 4622	11. 8820
UGBA	9. 0346	11. 8220	10. 0908
PTRBA	8. 9638	9. 0151	8. 9821

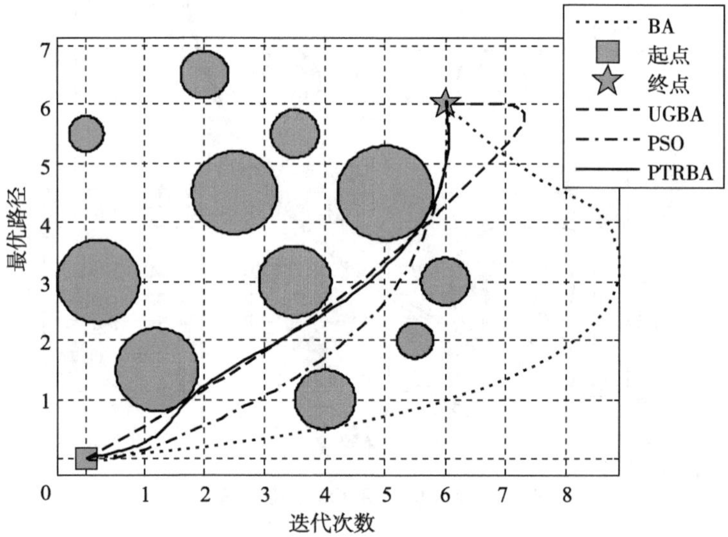

图 5-9 复杂环境下四种算法路径规划对比

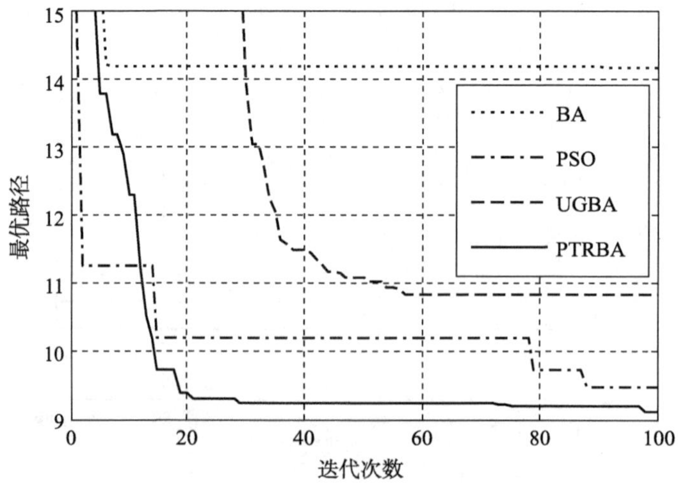

图 5-10 复杂环境下四种算法迭代曲线对比

表 5-2　复杂环境下四种算法所求路径长度对比

算法	最优解	最差解	平均值
PSO	9.4117	11.0475	10.1180
BA	10.5201	15.3563	12.3124
UGBA	9.4695	13.9027	11.1290
PTRBA	8.8452	9.8183	9.1892

从图 5-7 和图 5-9 可以很直观地看出本书改进算法 PTRBA 所规划出的机器人路径最短，尤其是在复杂环境下，算法 PTRBA 的求解效果更加明显。这是因为在全局搜索阶段，引入动态扰动系数，增强了蝙蝠飞行的灵活性，提高了算法寻优能力。如图 5-8 和图 5-10 所示，算法在前期收敛速度并不是很快，但在第 10 代左右，算法可以跳出局部极值，快速向最优解靠近。这是因为在局部搜索阶段，融入正切随机探索机制，增强了算法的局部开采能力和搜索策略性，使算法更容易跳出局部极值，从而提高了算法的寻优精度。表 5-1 和表 5-2 是每个算法独立运行 30 次所得出的路径情况，可以看出算法 PTRBA 求解出的路径长度无论是最优解、最差解还是平均值都是四种算法中最短的且求解结果非常稳定。这是因为反向学习选择策略进一步平衡了算法全局探索和局部开发能力，使算法所求路径与其他算法相比更加稳定。总体上，三种改进机制相互配合，提高了算法收敛速度和寻优能力。

（2）多机器人系统的路径规划及算法寻优性能分析。与单机器人系统相比，多机器人路径规划问题更为复杂，它要求各个机器人之间不能发生碰撞。为满足此要求，本书使用了一种基于人工障碍的多机器人路径规划方法。[29-30] 该方法可防止各条机器人路径之间出现交叉，从而避免了各个机器人之间可能发生的碰撞。具体过程如下。

步骤 1　利用 PTRBA 和三次样条插值方法，规划出第一个机器人的路径，再以此路径上的 m 个路径结点为圆心，人工虚拟出 m 个障碍。

步骤 2　此时，除了原来环境中的障碍外，又人工虚拟出了 m 个障碍，形成了一个新的障碍环境。在新环境下，规划出第二个机器人的路径。由于第一个机器人的路径上已经人工设置了 m 个障碍，所以第二个机器人的路径不会与第一个机器人的路径相交。依次类推，规划出所有机器人的路径。

本书仿真实验要求为 3 个机器人规划出无碰撞路径，每条路径上的路径结点个数设置为 3，分别在简单环境和复杂环境下进行对比仿真实验。在简单环境下，设置障碍个数为 4。在复杂环境下，设置障碍个数为 9。两种环境下的插值点个数都设置为 100。具体实验结果如图 5-11 至图 5-18 和表 5-3、表 5-4 所示。

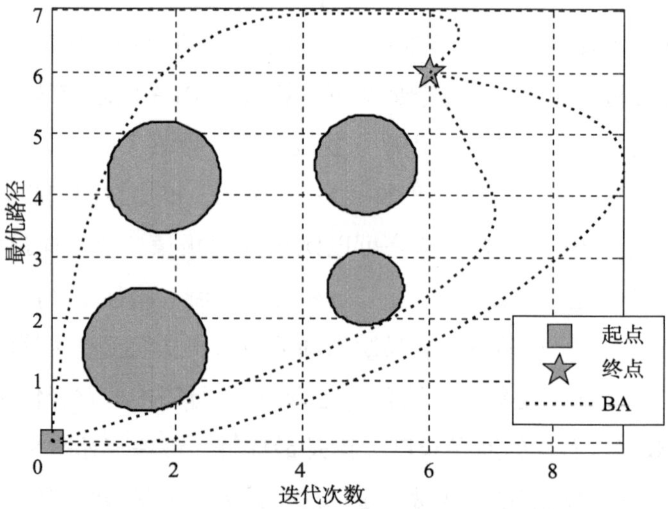

图 5-11　简单环境下 BA 算法所规划路径

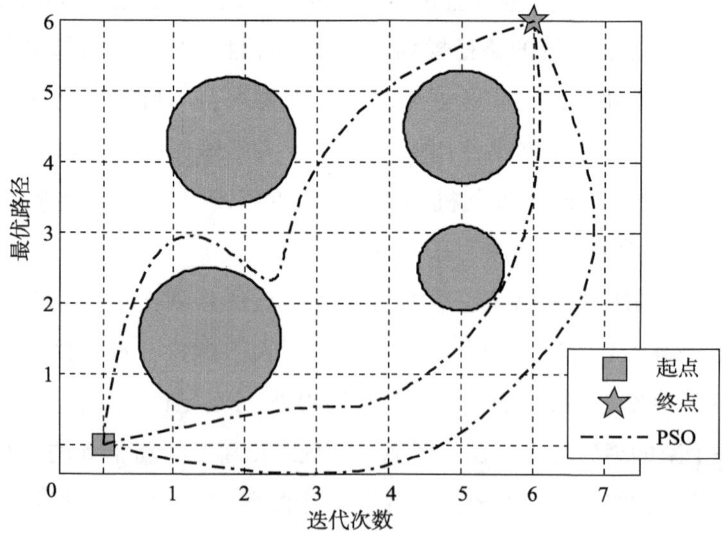

图 5-12　简单环境下 PSO 算法所规划路径

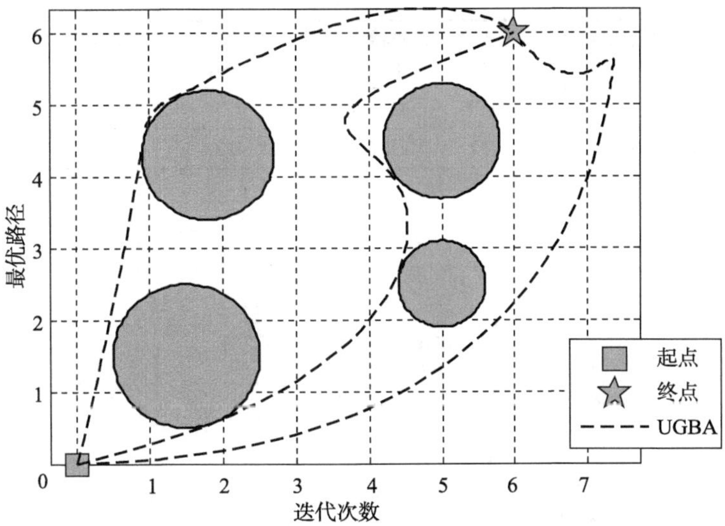

图 5-13 简单环境下 UGBA 算法所规划路径

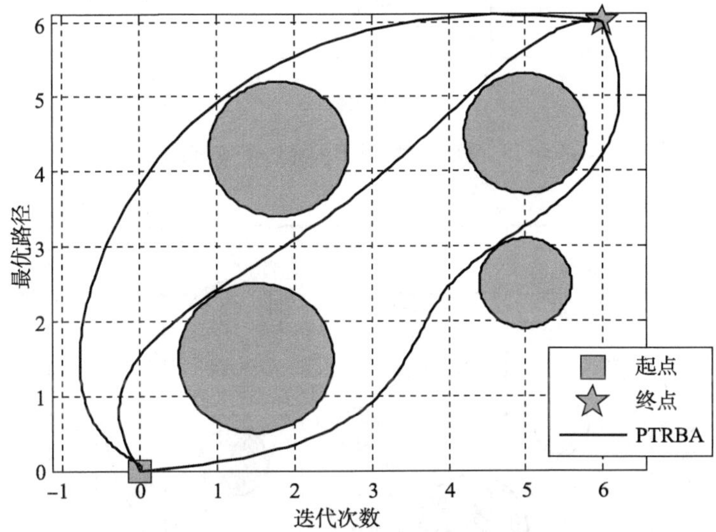

图 5-14 简单环境下 PTRBA 算法所规划路径

表 5-3 简单环境下四种算法所求路径比较

算法	机器人 1 平均值	机器人 2 平均值	机器人 3 平均值	总路径 最优解	总路径 最差解	总路径 平均值
PSO	10. 1045	10. 4892	11. 3857	31. 2132	32. 6915	31. 9794
BA	11. 3361	12. 4762	12. 7646	34. 6364	39. 3087	36. 5770

续表

算法	机器人 1 平均值	机器人 2 平均值	机器人 3 平均值	总路径最优解	总路径最差解	总路径平均值
UGBA	10. 9146	11. 2058	11. 8302	32. 6335	35. 1046	33. 9507
PTRBA	8. 9105	9. 7747	10. 8018	28. 4527	29. 8305	29. 4870

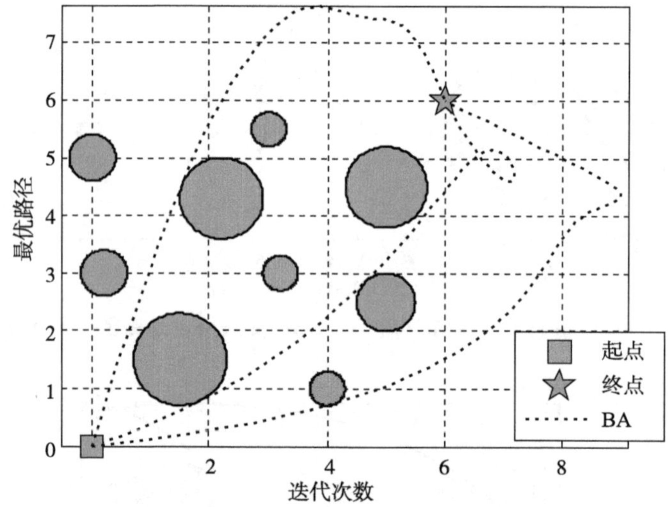

图 5-15　复杂环境下 BA 算法所规划路径

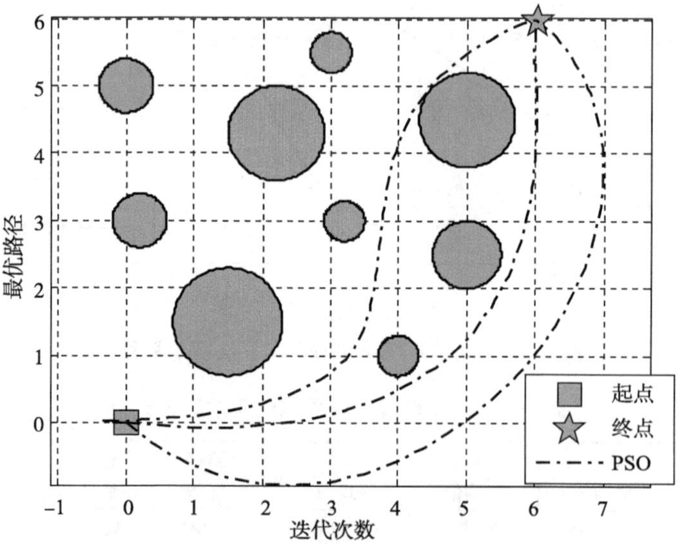

图 5-16　复杂环境下 PSO 算法所规划路径

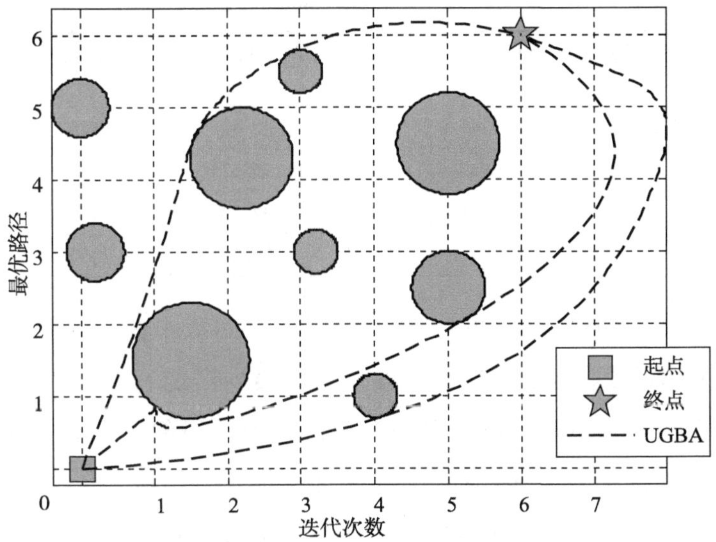

图 5-17 复杂环境下 UGBA 算法所规划路径

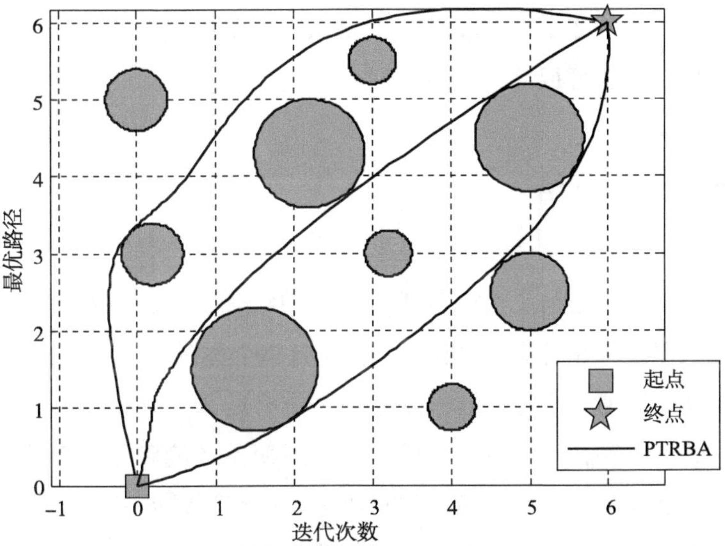

图 5-18 复杂环境下 PTRBA 算法所规划路径

表 5-4　复杂环境下四种算法所求路径比较

算法	机器人 1 平均值	机器人 2 平均值	机器人 3 平均值	总路径 最优解	总路径 最差解	总路径 平均值
PSO	10. 1527	10. 7141	11. 3416	30. 8667	33. 3565	32. 2085
BA	11. 6525	11. 6937	13. 2311	35. 3250	37. 7116	36. 5773
UGBA	9. 7856	11. 8275	12. 0380	32. 7774	35. 0416	33. 6512
PTRBA	9. 2125	9. 6017	10. 5695	29. 2493	29. 7060	29. 3837

由图 5-11 至图 5-14 和图 5-15 至图 5-18 可以很直观地看出，本书改进算法 PTRBA 所规划出的移动机器人路径很少出现不必要的曲折，这是因为全局搜索阶段的动态扰动系数和局部搜索阶段的正切随机探索机制，使蝙蝠种群快速向最优解靠近，算法整体寻优能力得到提高。由表 5-3 和表 5-4 可以看出，本书改进算法 PTRBA 所规划出的每个机器人的路径和三条路径的长度总和，都要优于其他三种算法。这是因为反向学习选择策略的引入，使算法的全局探索和局部开发能力得到平衡，算法运行过程非常稳定，进一步验证了本书改进算法和三次样条插值方法相结合求解移动机器人路径问题的可行性和可靠性。

5.5　本章小结

本章将蝙蝠算法与三次样条插值方法相结合，求解机器人路径规划问题。以三次样条插值中的路径结点作为蝙蝠个体的编码，从而把蝙蝠算法、三次样条插值方法与机器人路径规划结合起来，并据此构建了无碰撞最短路径的方法和目标函数。最后，分别在简单环境和复杂环境下对单机器人和多机器人系统进行路径规划对比实验。实验结果表明，基于 PTRBA 算法和三次样条插值方法所得的机器人路径规划方法的求解性能优于其他对比算法，验证了本书改进算法在规划移动机器人路径方面的有效性和优越性。

参考文献

[1] 李廉水，石喜爱，刘军. 中国制造业40年：智能化进程与展望[J]. 中国软科学，2019（1）：1-9，30.

[2] 王宏玉. 物流机器人（AGV）获得跨越式发展[J]. 物流技术与应用，2018，23（4）：71-73.

[3] 潘杰，王雪松，程玉虎. 基于改进蚁群算法的移动机器人路径规划[J]. 中国矿业大学学报，2012，41（1）：108-113.

[4] 张立建，胡瑞钦，易旺民. 基于六维力传感器的工业机器人末端负载受力感知研究[J]. 自动化学报，2017，43（3）：439-447.

[5] 杜义浩，邱石，谢平，等. 下肢康复机器人的自适应人机交互控制策略[J]. 自动化学报，2018，44（4）：743-750.

[6] 陆新华，张桂林. 室内服务机器人导航方法研究[J]. 机器人，2003，25（1）：80-87.

[7] CHEN D，LU Q，YIN K，et al. A method for solving local minimum problem of local path planning based on particle swarm optimization [C] //Proceedings of the 2017 Chinese Automation Congress. Jinan，China：IEEE，2017：4944-4949.

[8] 白天翔，王帅，沈震，等. 平行机器人与平行无人系统：框架、结构、过程、平台及其应用[J]. 自动化学报，2017，43（2）：161-175.

[9] JEDDISARAVI K，ALITAPPEH R J，PIMENTA L C A，et al. Multi-objective approach for robot motion planning in search tasks [J]. Applied Intelligence，2016，45（2）：1-17.

[10] 张超超，房建东. 基于定向加权A*算法的自主移动机器人路径规划[J]. 计算机应用，2017，a（2）：77-81.

[11] ROBERT A，CONN，MOSHE KAM. Robot motion planning on dimensional star worlds among moving obstacles [J]. IEEE Transactions on Robotics and Automation，1998，14（2）：162-174.

[12] PFEIFFER M, SCHAEUBLE M, NIETO J, et al. From perception to decision: A data-driven approach to end-to-end motion planning for autonomous ground robots [J]. 2016, 34 (7): 485-501.

[13] TOAN T Q, SOROKIN A A, TRANG V T H. Using modification of visibility-graph in solving the problem of finding shortest path for robot [C]. IEEE International Siberian Conference on Control & Communications, 2017.

[14] 徐飞. 基于改进人工势场法的机器人避障及路径规划研究 [J]. 计算机科学，2016，43 (12)：293-296.

[15] 张继文，刘莉，陈恳. 面向全方位双足步行跟随的路径规划 [J]. 自动化学报，2016，42 (2)：189-201.

[16] 张福海，李宁，袁儒鹏，等. 基于强化学习的机器人路径规划算法 [J]. 华中科技大学学报（自然科学版），2018，46 (12)：65-70.

[17] 王晓燕，杨乐，张宇，等. 基于改进势场蚁群算法的机器人路径规划 [J]. 控制与决策，2018，33 (10)：1775-1781.

[18] 黄宜庆，彭凯，袁梦茹. 基于多策略混合人工鱼群算法的移动机器人路径规划 [J]. 信息与控制，2017，46 (3)：283-288.

[19] SARIFF N B, BUNIYAMIN N. Comparative study of genetic algorithm and ant colony optimization algorithm performances for robot path planning in global static environments of different complexities [C]. IEEE International Symposium on Computational Intelligence in Robotics & Automation, 2016. 132-137.

[20] LAMINI C, BENHLIMA S, ELBEKRI A. Genetic algorithm based approach for autonomous mobile robot path planning [J]. Procedia Computer Science, 2018, 127: 180-189.

[21] DAS P K, BEHERA H S, PANIGRAHI B K. A hybridization of an improved particle swarm optimization and gravitational search algorithm for multi-robot path planning [J]. Swarm & Evolutionary Computation, 2016, 28: 14-28.

[22] DAS P K, BEHERA H S, PANIGRAHI B K. Intelligent-based multi-robot path planning inspired by improved classical Q-learning and improved

particle swarm optimization with perturbed velocity [J]. Engineering Science and Technology, an International Journal, 2015: S2215098615001548.

[23] 刘景森，吉宏远，李煜. 基于改进蝙蝠算法和三次样条插值的机器人路径规划 [J/OL]. 自动化学报: 1-10 [2019-06-26]. https://doi.org/10.16383/j.aas.c180855.

[24] KAO C, TANG H C. Symmetry property of multiplicative congruential random number generator in chi-squaretest [J]. International Journal of Computer Mathematics, 2007, 55 (1-2): 113-118.

[25] TIZHOOSH H. Opposition-based learning: A new scheme for machine intelligence [A]. Proceedings of International Conference on Intelligent Agent, Web Technologies and Internet Commerce [C]. Vienna: IEEE, 2005, 45 (2): 695-701.

[26] SHI Y, EBERHART R C. A modified Particle swarm optimizer [C]. IEEE International Conferenceon Evolutionary Computation, 1998, 3 (4): 69-73.

[27] YANG X S. A new metaheuristic bat-inspired algorithm [J]. Computer Knowledge & Technology, 2010, 284 (3): 65-74.

[28] 李煜，裴宇航，刘景森. 融合均匀变异与高斯变异的蝙蝠优化算法 [J]. 控制与决策，2017，32 (10): 1775-1781.

[29] 强宁，高洁，康凤举. 基于 PSO 和三次样条插值的多机器人全局路径规划 [J]. 系统仿真学报，2017，29 (7): 1397-1404.

[30] 叶炜垚，王春香，杨明. 基于虚拟障碍物的移动机器人路径规划方法 [J]. 机器人，2011，33 (3): 273-278.

第 6 章

车辆路径问题

在实际应用中，研究车辆路径问题还需要考虑其他因素，例如生鲜货品的保鲜问题、贵重货物的安全运输问题、紧急医疗的时效性等。因此，物流系统的关键是在不同条件下，如何选择合理的物流运输路径。在此基础上，基于不同因素的车辆路径问题进行建模，通过对模型求解，可以解决许多现实问题，例如：救灾物资调运问题、城市垃圾回收问题、邮政物流车辆路径规划问题、火车和公共汽车车辆调度问题等。

车辆路径问题最早由 G. Dantzig 和 J. Ramser 于 1959 年提出，这个问题一经提出，就引起了来自数学、运筹学、计算机等领域的专家、学者的关注。[1]

作为一个 NP 难题，VRP 的求解有一定难度。该问题被提出以来，已有专家、学者做了大量研究工作，为研究打下了基础。

1985 年，Savelsbergh 证明了 VRPTW 是一个 NP-hard 问题。[2] 1988 年，Desrochers 等总结概括了求解带时间窗车辆路径问题的各种优化方法。[3] Jean-Francois Cordeau 等详细介绍了禁忌搜索算法的十个重要特征，并运用禁忌搜索算法和计算机仿真成功求解 VRPTW，其结果优于其他启发式算法。[4] Y. Marinakis 等[5]提出把遗传粒子群混合算法用于求解车辆路径问题，该算法被应用到两组基准实例中，得到了较为满意的结果。文献[6]以最小化行驶总距离以及车辆总数为目标，通过改进的遗传算法来求解该问题，并通过所罗门基准模型验证所提出的算法。实验结果表明在最小化行驶总距离以及车辆总数上，改进的算法结果要优于先前的算法。针对具有时间窗限制。车辆路径问题，考虑逆向物流时间窗的车辆路径问题[7]，并提出启发式算法。首先构成启发式算法来生成高质量的初始解，然后基于模拟退火的搜索过程来改进最初解，最后计算结果表明，在多项式计算测试问题时间上，所提出的方案能够获得最佳或接近最佳。国内一些学者在此求解基础上做了很多深入研究，包含时间窗和随机时间的车辆路径问题，即在时间窗基础上加入随机时间条件，相当于集成了整数规划和随机规划。学者设计了基于禁忌搜索的启发式算法，求解此问题取得了不错的效果。[8]文献[9-10]分别运用粒子群算法和融合粒子群与模拟退火的算法，求解了 VRPTW 模型，仿真实验表明算法求解的有效性。

车场和车型问题通常是结合的热点。基于车辆路径问题中的经典路径构造算法和局域搜索算法，设计了半开放式的多车场车辆路径问题的节约算法、顺序插入算法和并行后插入算法进行求解，并对上述三种算法进行对比分析。[11]在多车场带时间窗 VRP 问题的整数规划数学模型方面[12]，提出一种改进型变邻域搜索算法，有效解决了该问题。针对多车场多车型的 VRP 提出一种变异的蚁群优化算法，固定顾客顺序，再找出最优配送方案，成功解决了车辆服务顾客选择顺序较多的难题。[13]

装箱问题和车辆路径问题的结合产生了二维装箱约束的车辆路径问题和三维装箱约束的车辆路径问题。针对现实物流操作中存在大量的易损、易碎物品二维装箱约束物流配送问题，建立新的运输问题数学模型，提出 Memetic 算法，对算法中的深度优先启发式装箱方法、染色体编码方式及其路径分割程序、始解的生成方法、交叉算子、局部搜索算子进行详细阐述，最后实验表明该算法大大提高了现有算法的性能及求解结果的质量。[14]另一些学者先后研究了三维装箱约束的相关问题[15]，通过建立相应的数学模型，采用改进的模糊遗传算法求解三维装箱约束车辆路径问题。文献[16]采用一种混合算法，把改进的遗传算法和装箱启发式算法结合起来构造引导式局部搜索遗传算法，求解多车场带三维装箱约束的车辆路径问题。

一些学者还对车辆路径问题中一些特殊问题求解进行了深入研究。为了减少运输车辆、缩短途经人口密集区域行驶距离与路径总距离，通过简化运输车辆经过人口密集区域风险因素的量化过程，建立车辆路径优化模型，运用基于概率模型的多目标进化算法，最终求解一个有 25 个需求节点和 6 个人口密集区域的危险品运输网络算例，成功验证了模型的合理性和算法的有效性，证明了该算法可以为危险品运输车辆调度提供决策支持。[17]在研究校车调度问题方面，假设某学校有8辆校车从校园内的八个地点以不同的路线接送学生，每天在特定的时间返回主要地点的现实背景，通过改进遗传算法找到校车调度VRP的最优路径结果，从而使学生快速到达目的地，降低车辆运输成本。[18]在运送应急物资的车辆路径方面，从应急物资分配车辆路径优化和救援车辆行驶时间可靠性两个角度对车辆调度模型进行综述，结合突发灾害事件紧急救援的特点，分析求解模型的不合理之处以及求解算法的缺陷，提出学习效应在应急救援车辆路径优化问题中的应用价值。[19]针对配送易腐生鲜货品的车辆，其配送路径的选择不仅受货品类型、制冷环境变化、车辆容量限制、交货时间等多种因素的影响，而且需要达到一定目标（如费用最少、消费者满意度最高），构建易腐生鲜货品车辆路径问题的多目标模型，并运用改进混合蝙蝠算法求解配送生鲜物品的车辆路径问题。[20]

标准的车辆路径问题是其他车辆路径问题的基础。[21]随着社会经济的不断发展，车辆路径问题不仅仅局限于以上类型，更多的还要考虑实际问题中的动态随机因素，如消费者满意度、动态交通状况等。因而设计高效的、参数更少的、鲁棒性更强的智能算法来求解车辆路径问题，是我们研究的重点。

因此，本章运用改进后的蝙蝠算法（bat algorithm with dynamic inertia weight and time factor，DTBA）对装载能力限制的车辆路径问题进行了求解。[22]本章介绍了带装载能力限制的车辆路径问题，对其数学模型进行了深入分析。车辆路径问题是离散组合优化问题，而蝙蝠算法的寻优机制是在连续空间中进行寻优搜索，是针对解决连续优化问题的算法，因而通过运用全新的编码方式和映射方式，将CVRP转化为准连续问题，可以直接运用蝙蝠算法进行求解。求解的四个经典CVRP算例，均有良好表现。

6.1 CVRP定义及数学模型

带容量限制的车辆路径问题也被称为标准车辆路径问题，即对每一个服务车辆有一个最大装载能力的限制。带容量限制的车辆路径问题是最基本的车辆路径问题，其他不同类型的车辆路径问题都是基于此展开的，从而变成更复杂的组合优化问题。CVRP 的一般描述：已知一个中心仓库和 L 个分仓库，每个仓库点的位置坐标和货物需求 $g_i(i=1,\ 2,\ \cdots,\ L)$ 已知，车辆 K 的装载能力 $q_k(k=1,\ 2,\ \cdots,\ K)$ 一定，每辆车都从中心仓库出发，完成各分仓库的配送任务后返回中心仓库。假设每个分仓库被且只被访问一次，每辆车所访问的分仓库的需求总和不能超过车辆装载能力，要求完成所有分仓库的配送任务且总成本最少。

根据上述描述，建立 VRP 的数学模型。将中心仓库编号为 0，分仓库编号为 1，2，…，L，货物需求为 $g_i(i=1,\ 2,\ \cdots,\ L)$，车辆 K 的装载能力为 $q_k(k=1,\ 2,\ \cdots,\ K)$，定义变量如下：

$$y_{ki}=\begin{cases}1 & (\text{分仓库 } i \text{ 的任务由车辆 } k \text{ 完成}) \\ 0 & (\text{否则})\end{cases} \tag{6-1}$$

$$x_{ijk}=\begin{cases}1 & (\text{车辆 } k \text{ 从点 } i \text{ 行驶到点 } j) \\ 0 & (\text{否则})\end{cases} \tag{6-2}$$

c_{ij}表示从点 i 到点 j 的运输成本，它的含义可以是距离、费用、时间等，在本书中代表距离。则 VRP 的数学模型如下：

$$\mathrm{Min}Z = \sum_i \sum_j \sum_k c_{ij}x_{ij} \tag{6-3}$$

$$\text{s. t.} \sum_i g_i y_{ki} \leqslant q_k \ \forall k \tag{6-4}$$

$$\sum_k y_{ki} = 1 \quad i = 1,\ 2,\ \cdots,\ L \tag{6-5}$$

$$\sum_i x_{ijk} = y_{ki} \quad j = 0,\ 1,\ \cdots,\ L;\ \forall k \tag{6-6}$$

$$\sum_j x_{ijk} = y_{ki} \quad i = 0,\ 1,\ \cdots,\ L;\ \forall k \tag{6-7}$$

$$X=(x_{ijk}) \in S \tag{6-8}$$

$$x_{ijk}=0 \text{ or } 1 \quad i,\ j=0,\ 1,\ \cdots,\ L;\ \forall k \tag{6-9}$$

$$y_{ki}=0 \text{ or } 1 \quad i=0,\ 1,\ \cdots,\ L;\ \forall k \tag{6-10}$$

在该模型中，约束条件（6-4）限制了车辆的承载能力；约束条件（6-5）保证了每辆车对每个消费者只能访问一次；约束条件（6-6）、

(6-7)、(6-8) 则保证形成回路。这些约束条件保证了每个分仓库都能得到服务，且每个点的需求由一辆车完成，同时每条路径上的总需求不超过车辆的负载能力，从而使所有车辆行驶路径之和最小。

6.2 DTBA 求解 CVRP

6.2.1 CVRP 求解思想

首先，将 VRP 这样一个离散求解过程与蝙蝠算法的求解过程进行对应。蝙蝠算法是在一个 N 维希尔伯特空间中寻找最优解，而 VRP 是一个典型的离散系统优化问题，求得的解的形式是一个满足约束条件和目标函数的序列。那么采用快速排序的方式将 N 维希尔伯特空间中的点映射为一个解向量，通过对该序列进行成本评估，即可得到该点的目标函数值。在该过程当中，搜索空间中的每个点都对应蝙蝠算法中的每只蝙蝠，每个点的目标函数值就是每只蝙蝠的适应度值。

6.2.2 改进蝙蝠算法（DTBA）的基本思想

一种改进的基于动态惯性权重和时间因子的蝙蝠算法（DTBA），主要从两个不同的角度对蝙蝠算法进行改进。从速度更新公式来看，蝙蝠的当前移动速度直接影响蝙蝠的位置，且当前每只蝙蝠的速度都受到上一代蝙蝠移动速度的影响。速度更新公式中，上一代蝙蝠位置的系数总是 1，常系数使得蝙蝠灵活性和多样性降低。结合以上两点，在全局搜索阶段，蝙蝠就无法快速搜索全局空间；在局部挖掘阶段，蝙蝠很容易陷入局部极值，无法向全局最优靠近。

（1）基于高斯分布的动态惯性权重

早在 1998 年，Shi 和 R. C. Eberhart 就将惯性权重的概念引入粒子群算法中。[23] 惯性权重，也称为“惯性因子”，其大小决定了当前粒子速度继承了多少上一代粒子速度。研究表明，惯性权重可以很好地控制粒子速度，进而控制粒子搜索空间。选择较大的惯性权重，可以对搜索空间进行快速的大范围搜索，使速度适当偏离当前最优位置，提高了搜索到更优位置的可能性，利于探索（exploration）策略；选择较小的惯性权重，利于粒子在搜索空间中小范围深度挖掘，可以提高算法的寻优精度，利于挖掘（exploitation）策略。由此可见，选择适当的惯性权重有利于平衡算法的探索能力和挖掘能力，对提升算法性能有很大的作用。

受粒子群算法惯性权重改进的启发，选择一个基于高斯正态分布的动态惯性权重。[24]一个动态随机搜索的惯性权重保证每一代蝙蝠开始都从随机位置以随机速度搜索。有了这样的动态速度，蝙蝠可以在初始阶段立即分布在整个搜索空间中，并在蝙蝠陷入局部极值时，增加跳出局部极值的机会。改进后的惯性权重公式和速度更新公式如下：

$$w(t)=w_{\min}+(w_{\max}-w_{\min})*rand()-\sigma*normrnd(0,1) \tag{6-11}$$

$$v_i^t=w*v_i^{t-1}+(x_i^{t-1}-x_*)*f_i \tag{6-12}$$

其中，$w_{\max}$，$w_{\min}$分别表示惯性权重最大和最小值，*rand*( )是一个在［0，1］范围内服从均匀分布的随机数。在本书中，σ 表示惯性偏差因子，在［0.1，0.9］的范围内服从均匀分布。在公式（6-11）中，$\sigma*normrnd(0,1)$控制惯性权重 w 的偏离程度。*normrnd*(0，1)是服从高斯正态分布的随机数。基于高斯分布的动态惯性权重策略不仅使每一代蝙蝠的速度具有随机性、合理性，保证了每一代蝙蝠种群的多样性，还提高了蝙蝠算法的收敛性。

（2）时间因子

在物理学中，只有量纲相同的量才能直接计算，例如速度与速度、距离与距离的加减。但是在标准蝙蝠算法中，位置和速度是直接相加的。因此，在以上公式中有一个值为常数 1 的隐含时间因子。这是蝙蝠在最优解附近来回震荡的主要原因。随惯性权重变化而变化的时间因子 $t=0.1+w$，可以根据迭代过程随机更改蝙蝠飞行时间以提高蝙蝠搜索能力。通过惯性权重的变化来控制时间因子，不仅便于实际应用，而且增强了算法运算过程的统一性，实现了局部搜索与全局搜索的平衡转换。改进后的蝙蝠算法，蝙蝠可以在迭代过程中基于蝙蝠搜索特征自适应地选择合适的惯性权重和时间因子，提高算法收敛速度和寻优精度。改进后的位置更新公式如下：

$$x_i^t = x_i^{t-1} + (0.1+w) * v_i^t \tag{6-13}$$

改进的蝙蝠算法求解车辆路径问题实现步骤：

步骤1　随机初始化蝙蝠种群个体数量 N、声波频率的最大值 $f_{\max}$ 和最小值 $f_{\min}$、速度 v_i、声波响度 A_i^t 和脉冲发射速率 r_i。

步骤2　使用快速排序将单个蝙蝠映射到解决方案向量中。

步骤3　评估每个解向量的可行性，如果可行的话，切换到步骤4；否则切换到步骤2。

步骤4　基于适应度函数 $f(x)$，其中，$x=(x_1, x_2, \cdots, x_N)^T$，求出每个蝙蝠适应度值和当前最优解，记录蝙蝠当前最优位置 x_*。

步骤5　更新速度和位置。

步骤6　如果 $rand>r_i$，生成新解 x_{new}。

步骤7　生成一个随机数，如果 $rand>A_i^t$ 且 $f(x_i)<f(x_*)$，则 $x_{\text{new}}=x_{\text{best}}$，然后使用更新响度和脉冲速率。

步骤8　评估适应度值，选择这一代的当前最优解 x_*。

步骤9　重复步骤4至步骤8的迭代过程，直到找到全局最优解或满足最大迭代次数。

步骤10　输出全局最优解。

6.2.3　解的编码

在VRP中所有的中心仓库与分仓库均为离散点，因此采用实数编码的方式对解进行编码，将VRP转化为准连续问题。采用这样的编码方式直接、有效，尤其在算法的运行过程中可以直接利用算法已有的更新规则，充分发挥算法自身优势。算法运行维度与问题求解维度保持一致，假设有 L 个分仓库、K 辆车，则VRP解的维度 $d=L+K-1$，即每个蝙蝠个体和速度向量都对应一个 $L+K-1$ 维向量。事实上，所得路径有 $L+K+1$ 个元素，但在此程序编码中不需要提前考虑首尾两个0的处理，只需在最后得出总路径时把首尾两个0加上即可。这样不仅对每只蝙蝠的适应度值计算和最优解的搜索没有影响，而且可以适当降低求解维度，提高搜索速度。

例如，中心仓库编码为0，分仓库编码为1，2，…，n，有K辆车参与配送。根据前文描述的数学模型，若有10个分仓库、3辆车参与配送，可以得到图6-1所示的解。

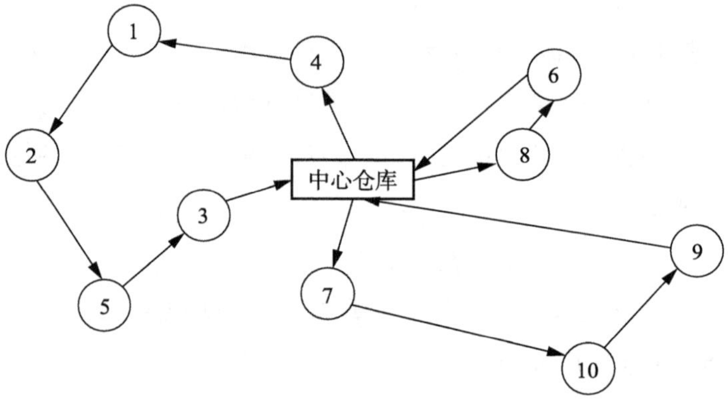

图6-1 解的结构

分路径：

车辆1路径：0-4-1-2-5-3-0。

车辆2路径：0-7-10-9-0。

车辆3路径：0-8-6-0。

总路径：0-4-1-2-5-3-0-7-10-9-0-8-6-0。

此时，满足所有约束，并形成回路。

6.3 算例求解

运用上述求解机理基于改进的蝙蝠算法求解四个不同规模的CVRP经典算例。算例一和算例二的选择来自现有文献[25-26]，分别包含9个和8个服务点；算例三和算例四选自CVRP标准算例库，网址如下：http：//neo.lcc.uma.es/radi-aeb/WebVRP/index.html？/algorithms/clustRout.html/，算例规模分别是19个和33个服务点。对这四个算例均采用第三章提出的编码和映射方式，并基于改进的蝙蝠算法，在MATLAB平台进行求解。MATLAB版本：R2014a；CPU：Intel(R) Core(TM) i5-4250U@ 1.30GHz；操作系统：Microsoft Windows 10；内存：4GB。

6.3.1 CVRP 算例一

对 1 个中心仓库和 8 个分仓库的配送系统，各分仓库的需求量 $d=[1, 2, 1, 2, 1, 4, 2, 2]$，每辆车的配送容量为 8（单位 t）。中心仓库与分仓库的距离如表 6-1 所示，要求合理安排行驶路线，使总费用最少，即路程最短。所需车辆数 m 依据文献[25]给出的公式进行计算。

$$m = \left[\frac{\sum g_i}{\alpha * q} \right] + 1 \tag{6-14}$$

其中，g_i 为每个分仓库的货物需求量，q 为载重量，α 是（0，1）之间随机数，[ ] 为取整函数。计算得出算例一的车辆数为 2。

表 6-1 算例一各服务点的距离和需求

服务点	0	1	2	3	4	5	6	7	8
0	—	4	6	7.5	9	20	10	16	8
1	4	—	6.5	4	10	5	7.5	11	10
2	6	6.5	—	7.5	10	10	7.5	7.5	7.5
3	7.5	4	7.5	—	10	5	9	9	15
4	9	10	10	10	—	10	7.5	7.5	10
5	20	5	10	5	10	—	7	9	7.5
6	10	7.5	7.5	9	7.5	7	—	7	10
7	16	11	7.5	9	7.5	9	7	—	10
8	8	10	7.5	15	10	7.5	10	10	—
需求量 d	—	1	2	1	2	1	4	2	2

运用改进的蝙蝠算法对上述问题进行求解。种群数 180，迭代次数 600，响度 4.5，脉冲速率 7.5，惯性权重最大、最小值分别是 0.9 和 0.4。每一个蝙蝠个体映射成一个 8+2-1=9 维的解向量，以此来表示车辆路径方案。共对算法运行 20 次，求解结果统计如表 6-2 所示。

表 6-2　算例一 20 次寻优结果统计

算法	结果									
	1	2	3	4	5	6	7	8	9	10
改进 BA	67.50	69.00	67.50	69.00	67.50	69.00	67.50	70.00	69.00	69.00
算法	结果									
	11	12	13	14	15	16	17	18	19	20
改进 BA	67.50	70.00	67.50	69.00	69.50	70.00	69.00	67.50	67.50	69.00

其中 8 次达到最优解，解的平均值为 68.575，最优路径为

0→4→7→6→0→1→3→5→8→2→0

运输总距离为 67.5。

同时，可以更直观地通过收敛曲线图 6-2 看出用改进后的 BA 求解 VRP 效率更高，收敛速度更快，在 100 代内就可以收敛到最优解。

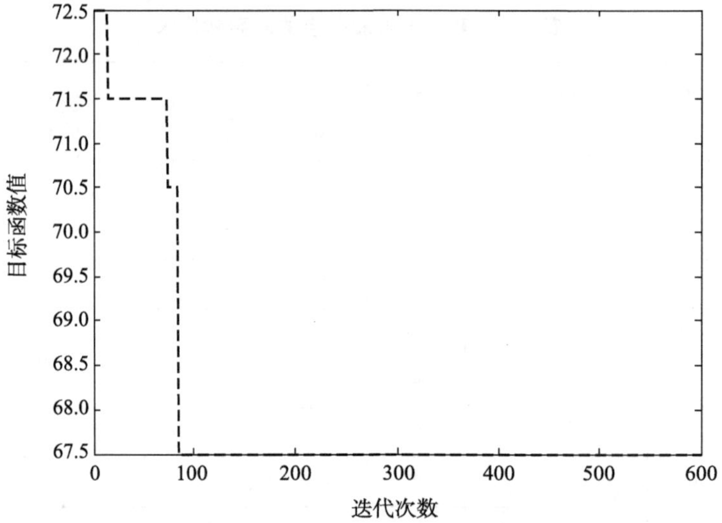

图 6-2　算例一收敛曲线

文献[25]用标准遗传算法和粒子群遗传算法研究了算例一。使用两种不同版本的遗传算法，分别运行 20 次，结果如表 6-3 所示。

表 6-3　算例一运用两种遗传算法求解 20 次结果统计

算法	结果									
	1	2	3	4	5	6	7	8	9	10
标准遗传算法	74.00	75.00	71.50	72.00	73.50	75.00	73.00	72.50	75.50	73.50
双种群遗传算法	70.00	69.50	67.50	71.00	69.00	70.50	72.00	67.50	71.50	69.00
算法	结果									
	11	12	13	14	15	16	17	18	19	20
标准遗传算法	72.00	69.00	73.00	75.50	72.00	73.00	75.00	73.50	71.50	75.00
双种群遗传算法	67.50	69.00	71.00	70.00	67.50	70.50	69.00	69.50	71.00	69.00

该问题的最优解为 67.5，标准遗传算法达到 0 次，双种群遗传算法达到 4 次，改进的蝙蝠算法达到已知最优解 8 次。对比可以看出，改进后的蝙蝠算法求解效果明显优于文献中已知的求解结果，验证了蝙蝠算法求解车辆路径问题的可行性和有效性。

6.3.2 CVRP 算例二

选取文献[26]中的算例，并运用 DTBA 进行求解。该算例有 7 个分仓库和 1 个中心仓库，所用车辆的载重量为 1，具体坐标和需求信息如表 6-4 所示。

表 6-4　算例二各服务点坐标和需求统计

编号	0	1	2	3	4	5	6	7
坐标	(18，54)	(22，60)	(58，69)	(71，71)	(83，46)	(91，38)	(24，42)	(18，40)
需求量	—	0.89	0.14	0.28	0.33	0.21	0.41	0.57

对于所需车辆数的预测，仍然采用公式（6-14）来进行预测。经计算得出所需车辆数为 3。运用本书提出的蝙蝠算法进行求解，并设置参数：种群数 180，迭代次数 600，响度 4.5，脉冲速率 7.5，惯性权重最大、最小值分别是 0.9 和 0.4。每一个蝙蝠个体映射为一个 7+3-1=9 维的解向

量，以此来表示车辆路径方案。对算法共运行 20 次，其结果统计如表 6-5 所示。

表 6-5　算例二运用 DTBA 求解 20 次结果统计

算法	结果									
	1	2	3	4	5	6	7	8	9	10
DTBA	217.81	217.81	217.81	217.81	217.81	217.81	217.81	217.81	217.81	217.81
算法	结果									
	11	12	13	14	15	16	17	18	19	20
DTBA	217.81	217.81	217.81	217.81	217.81	217.81	217.81	217.81	217.81	217.81

最优路径为：0-7-6-0-5-4-3-2-0-1-0。

同时，通过收敛图我们可以更直观地感受 DTBA 的求解效果，几乎在 10 代左右就可收敛至最优解，鲁棒性和精确性都很高。

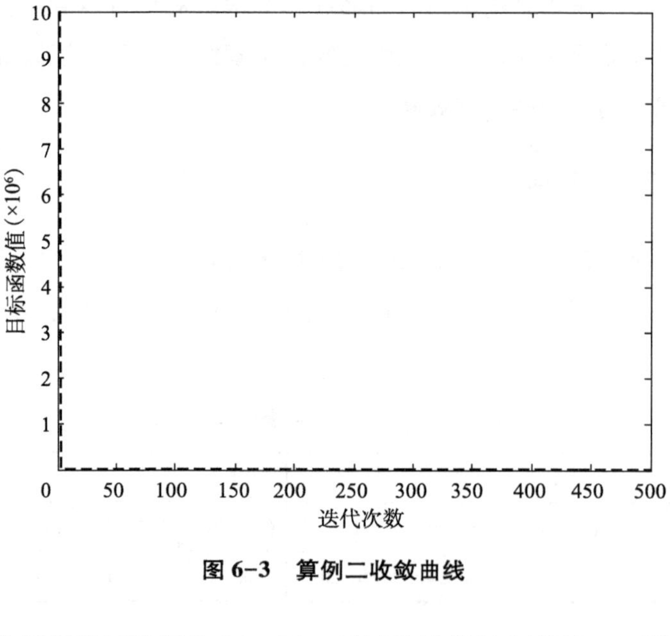

图 6-3　算例二收敛曲线

已知该问题最短路径为 217.81，采用改进的蝙蝠算法，可快速收敛至最优解，在 20 次求解中每一次都达到最优。文献[27]运用粒子群算法和一种离散蝙蝠算法求解了该算例，在每种算法运行 20 次之后，粒子群算法可达到最优解 14 次，离散蝙蝠算法可达到最优解 12 次。相比较之下，

DTBA 更具优势，是求解车辆路径问题的一种有效方法。

6.3.3 CVRP 算例三

算例三选自国际通用 CVRP 基准测试算例库，编号为 P-n19-k2，下载网址为 http://neo. lcc. uma. es/radi-aeb/WebVRP/index. html? /algorithms/clustRout. html/。P-n19-k2 有 19 个仓库，其坐标和需求量如表 6-6 所示。

表 6-6 算例三各服务点坐标和需求统计

编号	坐标	需求量	编号	坐标	需求量
0	(30, 40)	0	10	(42, 57)	8
1	(37, 52)	19	11	(27, 68)	7
2	(49, 43)	30	12	(43, 67)	14
3	(52, 64)	16	13	(58, 27)	19
4	(31, 62)	23	14	(37, 69)	11
5	(52, 33)	11	15	(61, 33)	26
6	(42, 41)	31	16	(62, 63)	17
7	(52, 41)	15	17	(63, 69)	6
8	(57, 58)	28	18	(45, 35)	15
9	(62, 42)	14	—	—	—

0 为中心仓库，1，…，18 为分仓库，每辆车载重量为 160。运用改进的蝙蝠算法进行求解，算法运行 10 次，参数设置为：种群数 170，迭代次数 600，响度 5.5，脉冲速率 7.5，惯性权重最大、最小值分别是 0.9 和 0.4。结果如表 6-7 所示。

表 6-7 算例三运用 DTBA 求解 10 次结果、平均值、标准差统计

编号	运算序号										平均值	标准差
	1	2	3	4	5	6	7	8	9	10		
P-n19-k2	288	265	266	258	282	265	272	275	274	284	272.9	2.83

已知该问题的最优解为 212，最优路径如下：

车辆 1 路径：0-4-11-14-12-3-17-16-8-6-0；

车辆 2 路径：0-18-5-13-15-9-7-2-10-1-0；

总路径：0-4-11-14-12-3-17-16-8-6-0-18-5-13-15-9-7-2-10-1-0。

从上述结果可以看出，改进的蝙蝠算法非常接近最优解。其求解鲁棒性非常高，收敛速度快，但寻优精度上还有提升空间。

6.3.4 CVRP 算例四

算例四 E-n33-k4 仍然选自国际通用 CVRP 数据库，下载网址同算例三。该算例共有 33 个仓库，其坐标和需求量如表 6-8 所示。

表 6-8 算例四各服务点坐标和需求量统计

编号	坐标	需求量	编号	坐标	需求量	编号	坐标	需求量
0	(292，495)	0	11	(314，435)	1500	22	(314，394)	1300
1	(298，427)	700	12	(311，442)	150	23	(313，378)	700
2	(309，445)	400	13	(304，427)	250	24	(304，382)	750
3	(307，464)	400	14	(293，421)	1600	25	(295，402)	1400
4	(336，475)	1200	15	(296，418)	450	26	(283，406)	400
5	(320，439)	40	16	(261，384)	700	27	(297，399)	600
6	(321，437)	80	17	(297，410)	550	28	(271，401)	1000
7	(322，437)	2000	18	(315，407)	650	29	(264，414)	500
8	(323，433)	900	19	(314，406)	200	30	(277，439)	2500
9	(324，433)	600	20	(321，391)	400	31	(290，434)	1700
10	(323，429)	750	21	(321，398)	300	32	(319，433)	1100

0 为中心仓库，1，…，32 为分仓库，每辆服务车辆载重量为 8000。针对该算例，分别采用标准蝙蝠算法和改进后的蝙蝠算法进行求解，在 MATLAB 中运行 16 次，参数设置为：种群数 180，迭代次数 600，响度 5.7，脉冲速率 7.5，惯性权重最大、最小值分别是 0.9 和 0.4。结果如表 6-9所示。

表 6-9 算例四分别运用 BA 和 DTBA 求解 20 次结果统计

算法	结果							
	1	2	3	4	5	6	7	8
BA	1446. 29	1514. 29	1365. 39	1421. 73	1481. 67	1540. 92	1421. 94	1530. 07
DTBA	1315. 63	1325. 13	1208. 33	1292. 06	1271. 96	1203. 59	1283. 93	1331. 49
算法	结果							
	9	10	11	12	13	14	15	16
BA	1588. 72	1483. 28	1522. 01	1607. 34	1428. 40	1385. 83	1500. 62	1558. 62
DTBA	1328. 99	1341. 28	1332. 29	1228. 26	1321. 01	1150. 01	1286. 59	1262. 45

从上述结果分析可得，首先，DTBA 求解 16 次的最小值 1150. 01 远小于 BA 求解最小值 1365. 39；其次，从平均值来看，BA 求解 16 次平均值为 1487. 32，而 DTBA 仅为 1280. 188，DTBA 求解结果更优于 BA；最后，通过标准差判断样本数据的离散程度，DTBA 求解 16 次标准差为 56. 36，BA 求解 16 次标准差为 70. 96。显然，DTBA 标准差优于 BA，表明 DTBA 求解该问题时鲁棒性更强，稳定性更高。

6. 4 本章小结

本章设计了一种新的实数编码方案，将离散车辆路径问题转化为准连续问题，并结合改进的蝙蝠算法 DTBA 解决 CVRP。4 个 CVRP 算例的仿真实验结果表明，DTBA 在求解车辆路径问题上有明显的优越性。通过对比算例一与已有文献的求解结果，证明 DTBA 的求解效果不仅高于标准遗传算法，还高于改进后的双种群遗传算法；在算例二 20 次的求解实验中，次次求到最优解，显然优于文献中运用粒子群和离散蝙蝠算法的求解效果；算例三和算例四选自 CVRP 基准测试算例库，用改进后的蝙蝠算法对比进行求解非常接近已知最优解，通过与标准蝙蝠算法的对比证明了 DTBA 求解效果优于标准蝙蝠算法。

参考文献

[1] DANTZIG, G. B, RAMSER J H. The truck dispatching problem [J]. Management Science, 1959, 6 (1): 80-91.

[2] SAVELSBERGH M W P. Local search in routing problems with time windows [J]. Annals of Operations Research, 1985, 4 (1): 285-305.

[3] DESROCHERS M, LENSRTA J K, SAVELSBERGH M W P, et al. Vehicle routing with time windows: optimization and approximation [C]. Vehicle Routing: Methods & Studies. North-Holland, 1988: 65-84.

[4] CORDEAU J F, LAPORTE G. Tabu search heuristics for the vehicle routing problem [J]. Operations Research/computer Science Interfaces, 2002, 30: 145-163.

[5] MARINAKIS Y, MARINAKI M. A hybrid genetic-particle swarm optimization algorithm for the vehicle routing problem [J]. Expert Systems with Applications, 2010, 37 (2): 1446-1455.

[6] SIVARAM K V, THANSEKHAR M R, SARAVANAN R, et al. Multi-objective vehicle routing problem with time windows: Improving customer satisfaction by considering gap time [J]. Proceedings of the Institution of Mechanical Engineers Part B Journal of Engineering Manufacture, 2015, 13 (3): 243-252.

[7] KASSEM S, CHEN M. Solving reverse logistics vehicle routing problems with time windows [J]. International Journal of Advanced Manufacturing Technology, 2013, 68 (1-4): 57-68.

[8] 李相勇，田澎．带时间窗和随机时间车辆路径问题：模型和算法 [J]. 系统工程理论与实践，2009，29（8）：81-90.

[9] 李宁，邹彤，孙德宝．带时间窗车辆路径问题的粒子群算法 [J]. 系统工程理论与实践，2004（4）：130-135.

[10] 张丽艳，庞小红，夏蔚军，等．带时间窗车辆路径问题的混合粒子群算法 [J]. 上海交通大学学报，2006（11）：1890-1894，1900.

［11］刘冉，江志斌，耿娜，等．半开放式多车场车辆路径问题［J］．上海交通大学学报，2010，44（11）：1539-1545.

［12］王征，张俊，王旭坪．多车场带时间窗车辆路径问题的变邻域搜索算法［J］．中国管理科学，2011，19（2）：99-109.

［13］马建华，房勇，袁杰．多车场多车型最快完成车辆路径问题的变异蚁群算法［J］．系统工程理论与实践，2011，31（8）：1508-1516.

［14］王征，胡祥培，王旭坪．带二维装箱约束的物流配送车辆路径问题［J］．系统工程理论与实践，2011，31（12）：2328-2341.

［15］颜瑞，张群，胡睿．考虑三维装箱约束的车辆路径问题研究［J］．中国管理科学，2015，23（1）：128-134.

［16］颜瑞，张群，胡睿．考虑三维装箱约束的多车场车辆路径问题［J］．管理工程学报，2016，30（1）：108-116.

［17］柴获，何瑞春，马昌喜，等．危险品运输车辆路径问题的多目标优化［J］．中国安全科学学报，2015，25（10）：84-90.

［18］MOHAMMED M A，GANI M K A，HAMED R I，et al. Solving vehicle routing problem by using improved genetic algorithm for optimal solution［J］．Journal of Computational Science，2017（21）：255-262.

［19］王付宇，王涛，叶春明．基于萤火虫算法的应急救援车辆调度［J］．计算机系统应用，2017，26（9）：188-194.

［20］殷亚，张惠珍．易腐生鲜货品车辆路径问题的改进混合蝙蝠算法［J］．计算机应用，2017，37（12）：3602-3607.

［21］符卓．开放式车辆路径问题及其应用研究［D］．中南大学，2003.

［22］LI YU，GUO QIAN，LIU JINGSEN. Improved bat algorithm for vehicle routing problem［J］International Journal of Performability Engineering，2019，15（1）：317-325.

［23］SHI，Y，EBERHART R. A modified particle swarm optimizer：advances in natural computation［J］．Springer Berlin Heidelberg，1998：439-439.

［24］EBERHART，R C，SHI. Y. Tracking and optimizing dynamic systems with particle swarms [C]. Evolutionary Computation, 2001. Proceedings of the 2001 Congress on IEEE, 2001 (1): 94-100.

[25] 李军，谢秉磊，郭耀煌．非满载车辆调度问题的遗传算法 [J]. 系统工程理论方法应用，2000 (3): 235-239.

[26] 李军，郭耀煌．物流配送车辆优化调度理论与方法 [M]. 北京：中国物资出版社，2001：129-132.

[27] 马祥丽，张惠珍，马良．蝙蝠算法在物流配送车辆路径优化问题中的应用 [J]. 数学的实践与认识，2015，45 (24): 80-86.

第 7 章

物流配送中心选址

本书的第一章已经对物流配送中心的选址问题进行了详细介绍和分类，并列出了物流配送中心选址问题的两大类模型——单配送中心选址模型和多配送中心选址模型。基于成本最低的原则，本章将采用改进的布谷鸟算法（DWCS），使用单配送中心选址模型中的重心法选址模型和多配送中心选址模型中的 CFLP 模型，分别对四个配送中心选址问题进行建模优化和求解，并与其他算法的求解结果相比较，为求解物流配送中心选址问题提供一种新的思路。

重心法选址模型是连续性模型，对配送中心选址的位置不加限制，自由度很高。重心是某个到各节点距离之和最短的点。因此利用重心法对选址问题进行求解就转化为找到一个范围内重心坐标的问题，但仅仅通过求重心坐标的方式得不到最优的选址位置。因为总运输费用并不是矢量参数，只有对总运输费用最低式求偏导，得到总运输费用的微分方程后进行迭代，才能计算出最佳的配送中心地址。[1-3]但是使用重心法选址模型求解选址问题，仅仅考虑了配送中心对其他需求点的运输费用，而并没有考虑建设和投入使用配送中心的固定与运营费用。在单配送中心单车的配送优化模型中[4]，我们考虑了运输成本、时间成本和空载成本，并进一步研究了单配送中心多车的配送优化问题。在一个考虑了配送中心运营成本和建设成本的改造模型中[5]，通过迭代法进行求解，能够有效克服传统重心法的不足。重心法也可以与其他选址问题求解方法交叉使用。一种将重心法模型和模糊综合评价法相结合[6]的综合性选址方法，已应用于山西某煤炭集配中心的选址问题中，表现出良好的针对性和可利用性。还有一种将动态规划法与重心法相结合的选址方法[7]被用于确定消防中心站的最优选址位置。具体是采用动态规划模型确定气田集输系统应急救援最优路径，采用重心法考虑气田集输系统不同组成单元的重要性。

关于多配送中心选址问题的求解，大多数离散型选址问题都可以采用 CFLP 模型，即运用有限容量模型对选址问题进行建模求解。针对易腐物品的运输要求，建立一个有容量限制的、针对易腐物品特征的配送中心选址模型[8]，并使用拉格朗日算法进行求解。针对需要考虑成本、时间窗和货损率的冷链物流配送中心选址问题的特点，构造出基于禁忌搜索算法和改进交叉算子的遗传算法的混合优化模型。[9]基于对商品供应成本的考虑，采用嵌入表上作业法的遗传算法[10]，建立 B2C 电子商务环境下的多配送中心选址优化模型。还可以将物流配送的总成本最低作为聚类准则[11]，构建基于蚁群优化算法，适用于大规模多配送中心选址模型。在综合考虑模糊环境下影响物流配送中心选址的因素，以物流总费用最少、配送中心服务水平最高为目标，建立模糊多目标物流配送中心选址模型（FMO-LDCLM）。[12]针对 B2C 物流网络选址—分配的模糊性、配送的动态性特征[13]，以配送中心流通费用、车辆派遣费用、配送费用最低为目标，建立有配送中心容量限制和车辆动态负载限制的双目标模糊选址模型。

7.1 单配送中心选址模型及求解

7.1.1 单配送中心选址的定义及相关概念

单配送中心选址问题是指在一个区域内有 N 个需求点，且各个需求点的位置坐标、需求量、配送费率等情况都是已知的，在该区域内建立一个向 N 个需求点配送货物的物流配送中心，使得物流配送中心的总运输费用最少。在一般的选址问题模型中，关键节点之间的距离是最基本的参数。通常情况下，在知道两节点的位置坐标后，可以采用以下三种方法来计算节点之间的距离。

（1）直线距离，也叫欧几里得距离。当选址的范围较大时，可以用直线距离近似代替节点之间的距离，或者用直线距离乘以一个合适的权重 w_{ij} 来代替实际距离。直线距离法计算出的节点之间的距离误差比较小。例如不同的城市之间，货物的运输距离可以用直线距离来计算。假设选择的节点区域内两点坐标分别为（x_0，y_0），（x_i，y_i），则两点之间直线距离的计算公式为

$$d_{ij}=w_{ij}\sqrt{(x_i-x_0)^2+(y_i-y_0)^2} \tag{7-1}$$

式中，w_{ij}为迂回系数，当 $w_{ij}=1$ 时，d_{ij}为平面上的直线距离；当 $w_{ij}>1$ 时，一般取一个常数。w_{ij}的取值要根据区域内的交通状况来定，交通发达区域，w_{ij}取值较小；交通不发达区域，w_{ij}取值较大。

（2）折线距离，也被称为城市距离。当选址的范围较小且道路规则时，可以用折线距离近似代替两点间的距离。其计算公式如下：

$$d_{ij}=w_{ij}(|x_i-x_0|+|y_i-y_0|) \tag{7-2}$$

（3）大圆距离，指在两节点的经纬度已知的前提下，利用大圆距离公式和经纬度坐标来求解的方法。大圆距离公式一方面可以减小平面地图的坐标，另一方面考虑了地球的弯曲程度。其计算公式如下：

$$d_{xy}=3959\left\{\begin{array}{l}\arccos[\sin(LAT_x)]\ \times\sin(LAT_y)+\cos(LAT_x)\\ \times\sin(LAT_y)\times\cos(|LONG_x-LONG_y|)\end{array}\right\} \tag{7-3}$$

式中，d_{xy}为点 x 与点 y 之间的距离；

LAT_x 为点 x 的维度（弧度，即角度乘以 pi/180）；

LAT_y 为点 y 的维度（弧度）；

$LONG_x$ 为点 x 的经度（弧度，即角度乘以 pi/180）；

$LONG_y$ 为点 y 的经度（弧度）。

7.1.2 基于重心法选址模型的单配送中心选址模型

重心法选址模型是选址问题中常用的一种模型，经常用于连续空间内单点选址问题。基于第一章的 1.3.5 节对单配送中心选址的分类，以下模型的选择和算例的求解均采用连续空间内单点选址的精确重心模型。

利用精确重心模型进行选址时，有三个假设条件：

（1）运输费用只与配送中心到需求点的直线距离有关，不考虑城市交通状况。

（2）各个需求点的需求量已知。

（3）选择配送中心时不考虑所处位置的地价。

本节基于精确重心模型的单配送重心选址模型如下：

设配送中心总运输费用为 S，配送中心 M_0 位置坐标为（x_0，y_0），需求点 N 的坐标分布在不同的坐标点（x_i，y_i）处。其目标函数如下：

$$\min S = \sum_{l}^{n} w_i l_i d_i \tag{7-4}$$

式中，w_i——配送中心到需求点 i 每单位重量、单位距离所需运输费；

l_i——配送中心到需求点 i 的运输量；

d_i——配送中心到需求点 i 的直线距离，其计算公式为

$$d_i = \sqrt{(x_i - x_0)^2 + (y_i - y_0)^2} \tag{7-5}$$

本节采用改进的布谷鸟算法（DWCS）求解单配送中心选址问题，以文献[14]中两个连续单配送中心选址算例来验证 DWCS 算法的运算效果，并与 CS、ICS、PSO 进行性能优化比较。仿真实验结果表明，DWCS 算法在求解算例一、算例二时收敛速度更快、求解的质量更高、鲁棒性更强。基本参数设置为：种群规模 $n=40$，发现概率 $pa=0.25$。为了公平起见，CS、ICS 和 PSO 算法的种群规模均设为 40，最大迭代次数都为 1000。其他设置同 4.6.2 节。实验环境为 MATLAB R2014a，操作系统为 Microsoft Windows 10 家庭中文版，8GB 运行内存，处理器为 Intel（R）Core（TM）i5-7500 CPU @ 3.40GHz。

7.1.3 单配送中心选址算例求解

算例一：某物流公司拟在区域内建设一个配送中心，为 5 个需求点提供配送服务。表 7-1 是区域内各需求点的坐标和运输费用率，请求出配送中心的最优选址，使配送费用最低。

表 7-1　需求点的分布情况和运输费用率

需求点	需求量/吨	运输费用率	位置坐标	
			X	*Y*
A	2000	0. 5	3	8
B	3000	0. 5	8	2
C	2500	0. 75	2	5
D	1000	0. 75	6	4
E	1500	0. 75	8	8

运行 DWCS 算法得到图 7-1 所示的结果，结果表明，求得配送中心的最佳选址坐标为（x_0，y_0）=（4. 9109，5. 0573），最小配送费用为 214250 元。文献[14]中用精确重心法对该算例进行求解，求得配送中心最佳坐标为（x_0，y_0）=（4. 91，5. 06），最低配送成本为 214250 元。从图 7-2、图 7-3可知 DWCS 算法迭代到第七次时图像已经收敛，此时可求到最优解。而 CS、ICS、PSO 算法分别迭代到第 25 次、16 次和 320 次才求出最优解，证明 DWCS 算法在求解单配送中心选址问题时收敛速度快、解的质量高、鲁棒性强，具有更好的单配送中心选址问题的求解性能。

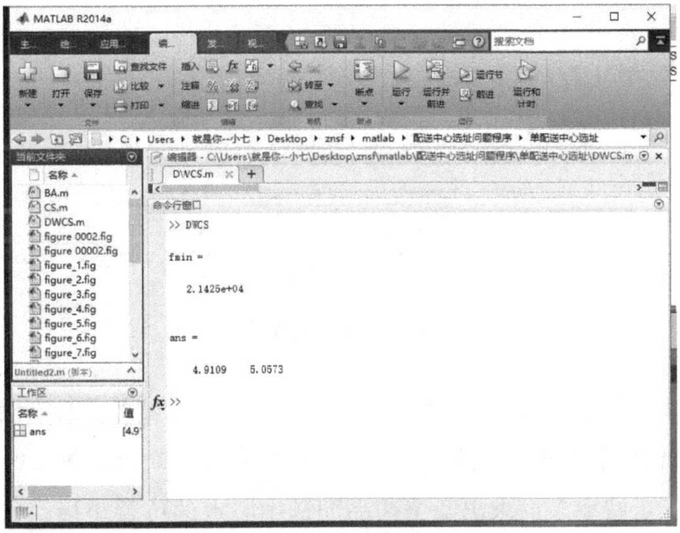

图 7-1　求解结果

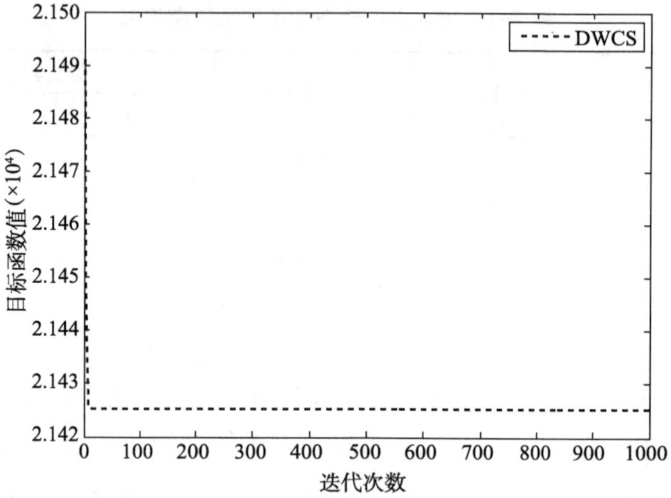

图 7-2　目标函数收敛

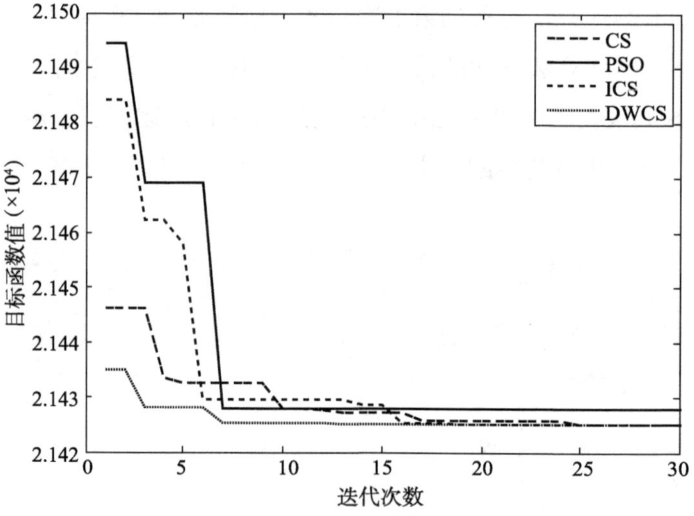

图 7-3　目标函数收敛对比

算例二：某企业有 10 个药品连锁店，为了降本增效，拟新建 1 个药品配送中心向 10 个需求点送货。表 7-2 是各药品连锁店的每日需求量、位置坐标以及运费率，请求出两个药品配送中心点的位置坐标，使运送货物费用最低。

表 7-2　各药品连锁店的每日需求量、位置坐标以及运输费用率

连锁店号	需求量/吨	运费率	位置坐标	
			X	*Y*
1	8	1	70	70
2	10	1	95	50
3	6	1	80	20
4	5	1	20	60
5	7	1	40	10
6	8	1	10	50
7	12	1	40	60
8	5	1	75	90
9	11	1	10	30
10	9	1	90	40

仿真环境和 DWCS 算法的编码方式同算例一，运行 DWCS 算法得到图 7-4所示的结果。结果表明，求得配送中心的最佳选址坐标为（x_0，y_0）=(48.0617，51.4415)，最小配送费用为 2963.3736 元。从图 7-5、图 7-7 可知 DWCS 算法迭代到第 6 次时图像已经收敛，此时已经求到最优解，且 DWCS 算法曲线更平滑。而基本布谷鸟算法、ICS 算法和 PSO 算法分别迭代到第 13 次、17 次和 110 次才求出最优解，证明 DWCS 算法在求解单配送中心选址问题时收敛速度快、寻优能力强。

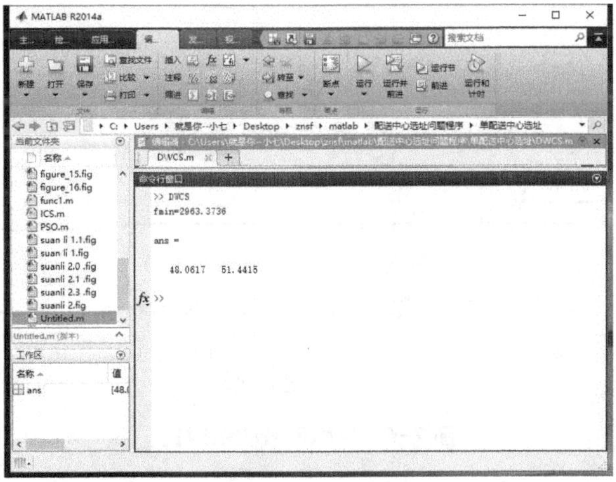

图 7-4　求解结果

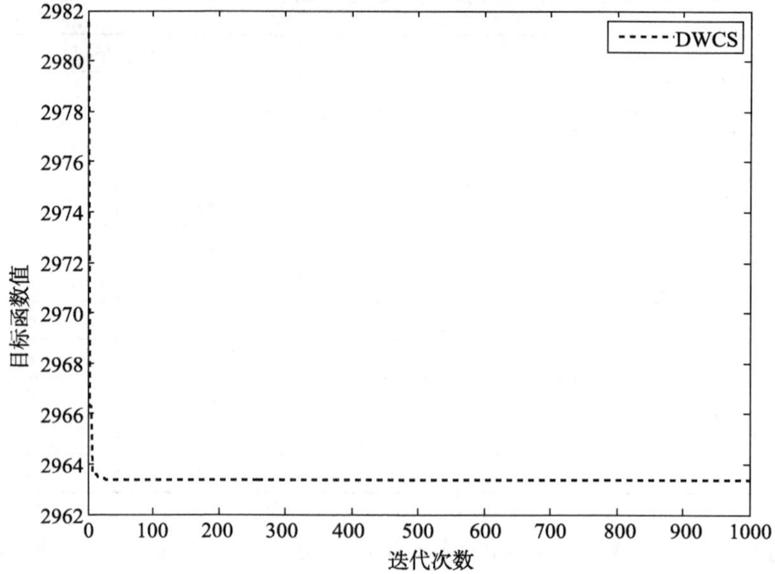

图 7-5　目标函数收敛

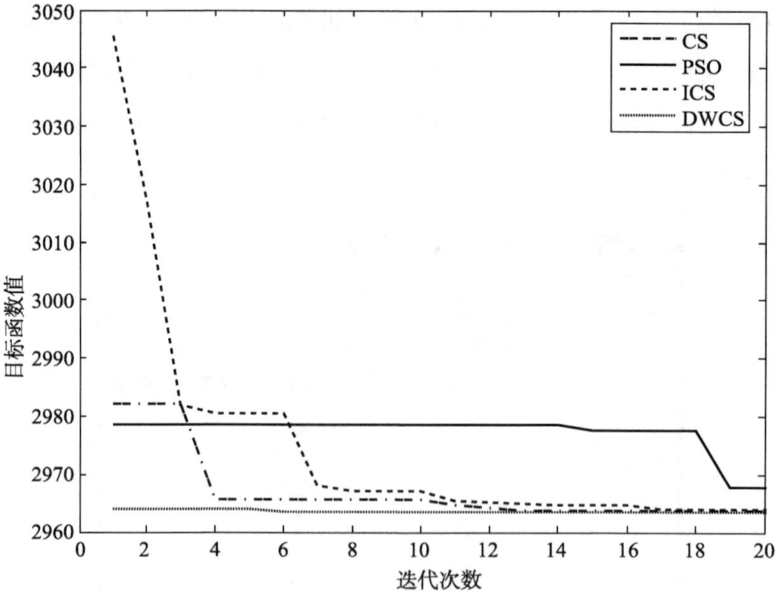

图 7-6　目标函数收敛对比

7.2 多配送中心选址模型及求解

7.2.1 多配送中心选址的定义及相关概念

多配送中心选址问题是指在一个区域里，有 N 个需求点和 m 个配送中心备选点，且已知各个需求点和配送中心备选点的位置坐标、社会环境和需求点、需求量等情况；在该区域内 m 个备选点中建立若干个配送中心向 N 个需求点配货，如何建立配送中心可以使总成本最少。多配送中心选址需要同时满足以下约束条件：

（1）每个需求点只能由一个配送中心提供配送服务。

（2）配送中心货物的供应量一定且能满足需求点的需求量。

（3）配送中心没有过多的存货。

（4）配送中心备选点和需求点的基本投资费用已知。

（5）以配送中心和需求点的直线距离作为运输距离，单位距离内货物的运输费用为固定值，在本书中取值 1。

（6）不考虑货物供应商到配送中心的运输距离。

7.2.2 基于 CFLP 模型的多配送中心选址模型

根据 7.2.1 节的问题假设，本节把离散型多配送中心选址问题当作研究对象，根据研究对象建立选址模型。其目标函数为

$$\min S = \sum_{i=1}^{m} \sum_{j=i}^{n} C_{ij} X_{ij} + \sum_{i=1}^{m} F_i Y_i \tag{7-6}$$

$$\text{s.t.} \begin{cases} \sum_{j=1}^{m} X_{ij} = D_j \quad j=1,\ 2,\ \cdots,\ n \\ \sum_{j=1}^{n} X_{ij} \leqslant W_i Y_i \quad i=1,\ 2,\ \cdots,\ m \\ \sum_{i=1}^{m} Y_i \leqslant k \quad Y_i \in \{0,\ 1\} \quad X_{ij} \geqslant 0 \end{cases} \tag{7-7}$$

式中，i 为配送中心备选点，$i=1,\ 2,\ \cdots,\ m$；

j 为销售区域，$j=1$，2，…，n。

k 为计划新建配送中心个数。

C_{ij}为从配送中心备选点到销售点j的单位运输费用。

X_{ij}为从配送中心备选点到销售点j的运输量。

F_i 为配送中心备选点 i 的固定成本。

Y_i 取值决定于配送中心备选点 i 是否被选中，被选中为 1；否则为 0。

D_j 为销售点j的需求量。

W_i 为配送中心的容量。

式（7-6）为目标函数，表示货物运输费用和配送中心建设成本之和；式（7-7）分别表示所有需求点的需求得到满足、被选中的配送中心备选点的承载力不能超过它的容量限制和计划新建的配送中心不能超过 k 个。

对于 CFLP 问题的求解，当其规模较小时可以采用分支定界法；当求解问题的规模变大时，根据模型的特点可以采用启发式算法求解。本章算例三、算例四采用布谷鸟算法来求解多配送中心选址问题。

为了检测 CS 算法在多配送中心选址问题上的求解效果，本章以算例三、算例四两个多配送中心选址算例来验证 DWCS 算法的运算效果，并与 CS、PSO 算法进行比较。基本参数设置为：种群规模 $n=40$，发现概率$pa=0.25$。为了客观、公平，CS 和 PSO 算法的迭代次数都为 1000，种群规模都为 40，其他设置同 4.6.2 节。

7.2.3 基于 DWCS 的多配送中心选址求解流程

求解离散型配送中心时，CS 算法需要优化的未知量是配送中心，其中配送中心备选点 m 到需求点 n 的货物配送量是一个多元函数最小值优化问题，采用 MATLAB 中 fmincon 函数进行求解，配送中心的固定费用、存储费用和各需求点的运输费用之和为适应度函数。每一个 CS 算法优化求解的 0~1 变量为 y，均对应一组最优的 x。CS 算法的求解流程如下。

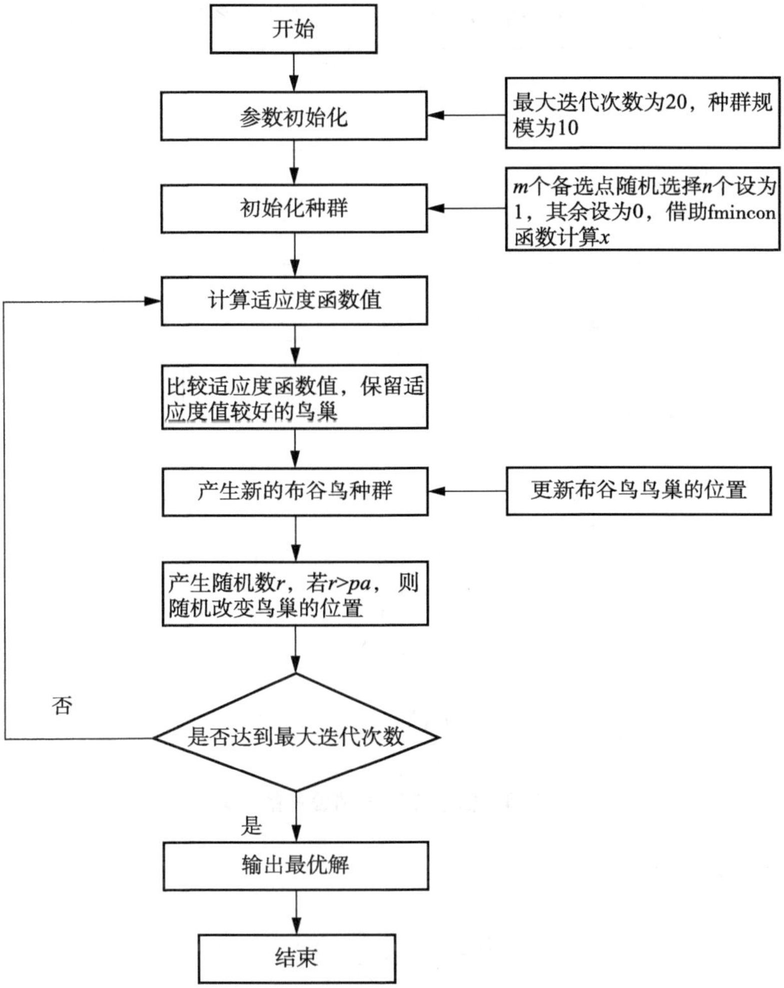

图 7-7　DWCS 算法求解流程

7.2.4　多配送中心选址算例求解

算例三：某公司计划新建两个配送中心满足 8 个分销公司的送货需求。经实地调查后，确定了 5 个备选点（A-E），表 7-3、表 7-4 分别是从备选点到分销公司的单位运输成本以及各分销公司的需求量、备选点和分销公司的位置。求配送中心的位置以及向分销公司分派情况，并计算各配送中心的运输成本和总成本。

表 7-3 从备选点到分销公司的单位运输成本以及各分销公司的需求量

分销公司	备选点					需求量/吨
	A	B	C	D	E	
1	30	45	48	10	35	10
2	25	60	70	35	50	6
3	28	15	25	32	10	11
4	45	30	20	24	12	25
5	58	12	25	60	30	15
6	65	30	15	57	33	13
7	65	35	16	45	28	20
8	22	30	35	20	16	8

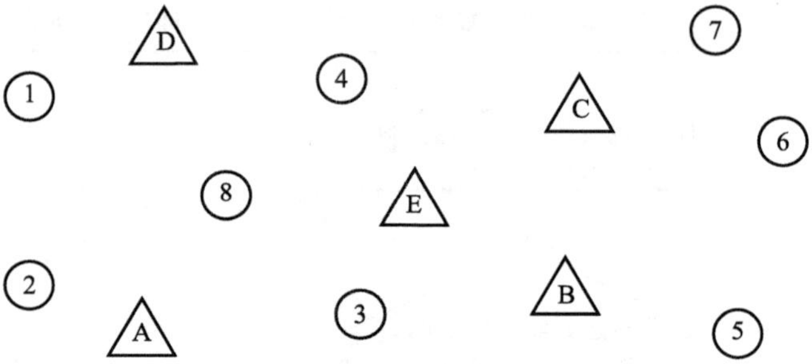

图 7-8 备选点和分销公司的位置

(1) 模型建立

$$\min Z = \sum_{i=1}^{m} \sum_{j=1}^{n} h_{ij} x_{ij} \tag{7-8}$$

$$\text{s. t.} \begin{cases} \sum_{i=1}^{m} x_{ij} \geqslant D_j & ① \\ \sum_{i=1}^{m} y_i = 2 & ② \\ \sum_{j=1}^{n} x_{ij} \leqslant M \cdot y_j & ③ \\ x_{ij} \geqslant 0 \\ y_i = \{0,\ 1\} \\ i = 1,\ 2,\ \cdots,\ m;\ j = 1,\ 2,\ \cdots,\ n \end{cases} \tag{7-9}$$

式中，m 为备选的配送中心个数，$m=5$；

n 为需求点个数，$n=8$。

h_{ij}为备选配送中心 i 到需求点 j 的单位运输费用，$i=1, 2, \cdots, m$。

x_{ij}为备选配送中心 i 为需求点 j 提供的货物量，$i=1, 2, \cdots, m$。

y_i 为 0~1 变量，$y_i=1$，表示在第 i 个备选点建立配送中心；$y_i=0$，表示第 i 个备选点不设为配送中心。

D_j 为各需求点的年需求量，$j=1, 2, \cdots, n$。

其中，公式（7-8）表示配送中心到需求点的总运输成本。公式（7-9）中，①式表示满足需求点的需求量；②式表示满足配送中心的个数；③式表示备选的配送中心是否提供货物需要满足的条件，其中 M 是一个极大值；其他为范围约束条件。

（2）模型的求解

运行 DWCS 算法得到图 7-9 所示的结果。仿真结果表明，当把配送中心建在 3 和 5 两个备选点时，总费用最少为 2078 元。其中备选点 3 作为一个物流配送中心向 5，6，7 三个需求点进行配送服务，备选点 5 作为一个物流配送中心向 1，2，3，4，8 五个物流需求点进行配送服务。从图 7-10 可知 DWCS 算法迭代到第一次时图像已经收敛，此时已经求到最优解，且 DWCS 算法曲线更平滑。而 BA、PSO 分别迭代到第 4 和第 9 次才求出最优解，证明 DWCS 算法在求解多配送中心选址问题时寻优速度快、鲁棒性强。

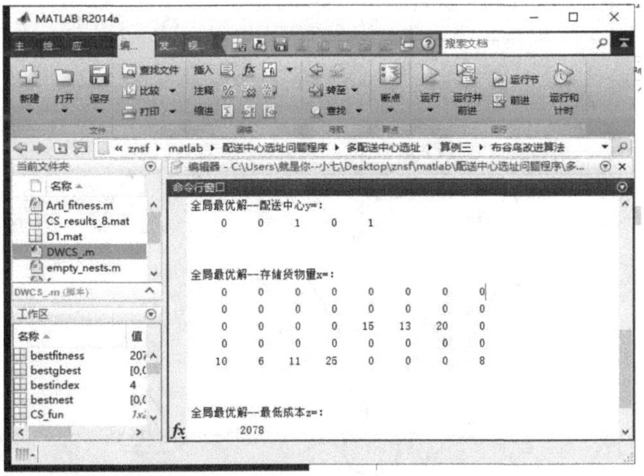

图 7-9　求解结果

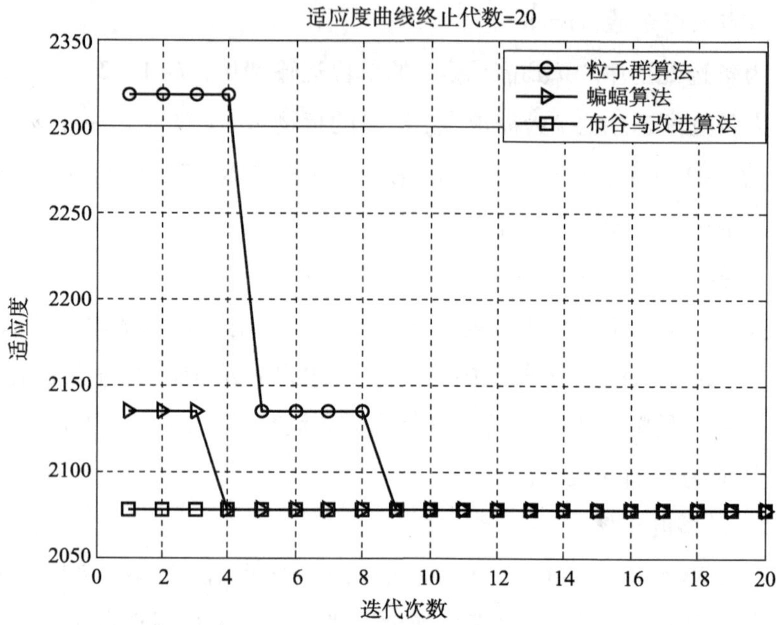

图 7-10　目标函数收敛

表 7-4　DWCS 算法求出的指派结果

配送中心	需求点							
	1	2	3	4	5	6	7	8
C					15	13	20	
E	10	6	11	25				8
需求量/吨	10	6	11	25	15	13	20	8

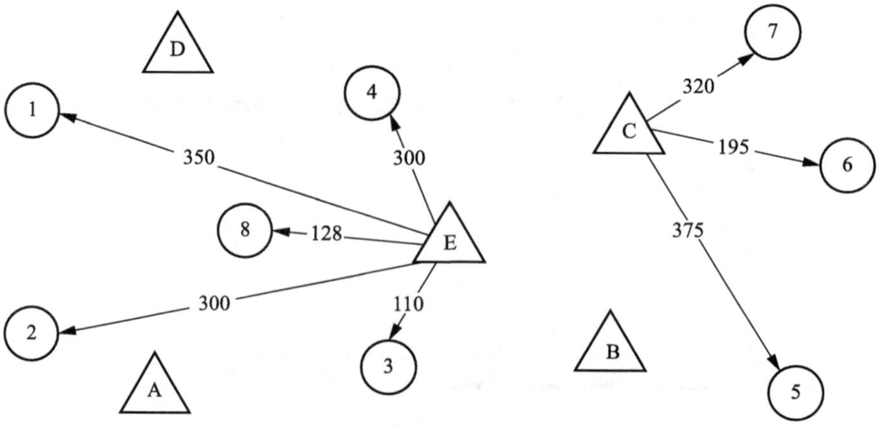

图 7-11　最后的指派结果

从表 7-4、图 7-11 可知，建于 C 地的配送中心为 3 个分销公司提供配送服务，分别为第 5、第 6、第 7 分销公司，供应的货物量分别为 15 吨、13 吨、20 吨运输成本为 890 元。建于 E 地的配送中心为 5 个分销公司提供配送服务，分别为第 1、第 2、第 3、第 4、第 8 分销公司，供应的货物量分别为 10 吨、6 吨、11 吨、25 吨、8 吨，运输成本为 1188 元。综上所述，建于 C、E 两地的配送中心最小总运输成本为 2078 元。

算例四：某省 P 连锁超市，为降本增效，需建 3 个配送中心，给 20 个需求点提供服务，现在有 8 个备选点，分别是溧水区、淮安市、高邮市、宿迁市、灌云县、宝应县、南通市、高淳区。表 7-5、表 7-6、表 7-7 分别是各需求点相对应的序号以及年需求量、各备选点的年固定费用和单位存储费用、各备选点到需求点的单位运输费用。求在 8 个备选点中选择 3 个建设配送中心，如何选址可以使总费用最少。

表 7-5　需求点对应的序号和年需求量

序号	年需求量/吨	需求点	序号	年需求量/吨	需求点
1	32	灌云县	11	32	东台市
2	40	连云港市	12	36	泰州市
3	48	徐州市	13	58	南通市
4	34	宿迁市	14	80	南京市
5	36	淮安市	15	28	高淳区
6	38	盐城市	16	30	溧水区
7	40	镇江市	17	32	常熟市
8	40	扬州市	18	40	常州市
9	30	宝应县	19	56	无锡市
10	32	高邮市	20	60	苏州市

表 7-6　各备选点的年固定费用和单位存储费用

备选点	年固定费用/元	单位存储费用/（元/吨）	备选点	年固定费用/元	单位存储费用/（元/吨）
1	190000	1500	10	430000	500
4	440000	750	13	500000	500
5	200000	900	15	180000	850
9	180000	1000	16	200000	950

表 7-7　各备选点到需求点的单位运输费用　　单位：

需求点	备选点							
	1	4	5	9	10	13	15	16
1	0	474	396	288	876	675	1036. 8	575
2	1209	435	369	878	732	495	1399	657
3	672	363	164	594	957	410	849	580
4	474	0	249	392	542	776	1334	864
5	396	949	0	193. 5	342	831	577	381
6	346. 8	869	381	200	366	558	1325	522
7	573	194	429	471	318	251	745	966
8	171	465	633	372	219	835	886	594
9	288	292	193. 5	0	193. 5	741	212	831
10	591	955	342	193. 5	0	691	502	801
11	780	359	585	453	293. 4	748	1034	493
12	456	521	354	417	261. 3	375	421	1233
13	675	776	831	541	1045	0	1279	759
14	374	819	611	183	756	81. 9	297	174
15	1036. 8	334	577	212	896	879	0	131. 1
16	575	864	381	831	784	759	131. 1	0
17	296	755	1427	451	942	169. 8	705	582
18	793	381	776	917	340	375	480	357
19	1563	566	1408	464	710	327	579	453
20	495	675	1566	1431	982	552	702	579

（1）模型建立

$$\min Z = \sum_{i=1}^{m} \sum_{j=1}^{n} h_{ij} x_{ij} + \sum_{i=1}^{m} F_i y_i + \sum_{i=1}^{m} C_i \sum_{j=1}^{n} x_{ij} \tag{7-10}$$

$$\text{s. t.} \begin{cases} \sum_{i=1}^{m} x_{ij} \geqslant D_j & ① \\ \sum_{i=1}^{m} y_i = 3 & ② \\ \sum_{j=1}^{n} x_{ij} \leqslant M \cdot y_j & ③ \\ x_{ij} \geqslant 0 \\ y_i = \{0,\ 1\} \\ i = 1,\ 2,\ \cdots,\ m;\ j = 1,\ 2,\ \cdots,\ n \end{cases} \tag{7-11}$$

式中，m 为备选的配送中心个数，$m=8$。

n 为需求点个数，$n=20$。

h_{ij}为备选配送中心 i 到需求点 j 的单位运输费用，$i=1$，2，…，m。

x_{ij}为备选配送中心 i 为需求点 j 提供的货物量，$i=1$，2，…，m。

y_i 为 0~1 变量，$y_i=1$，表示在第 i 个备选点建立配送中心；$y_i=0$，表示第 i 个备选点不设为配送中心。

F_i 为在第 i 个备选点建立配送中心的年固定费用，$i=1$，2，…，m。

C_i 为在第 i 个备选点的单位存储费用。

D_j 为各需求点的年需求量，$j=1$，2，…，n。

其中，公式（7-10）表示配送中心到需求点的总运输成本。公式（7-11）中，①式表示满足需求点的需求量；②式表示满足配送中心的个数；③式表示备选的配送中心是否提供货物需要满足的条件，其中 M 是一个极大值；其他为范围约束条件。

（2）模型的求解

运行 DWCS 算法得到图 7-12 所示的结果。仿真结果表明，当把配送中心建在淮安市、宝应县和高淳区时，物流总费用最少为 1595133 元。其中，备选点淮安市、宝应县和高淳区作为三个物流配送中心向灌云县、连云港市、徐州市等 20 个市、县提供配送服务。从图 7-13 可知 DWCS 算法迭代到第 1 次时图像已经收敛，此时已经求到最优解，且 DWCS 算法曲线更平滑。而 CS 算法迭代到第 15 次时才求出最优解、PSO 算法在 20 次之内没有求出最优解，证明 DWCS 算法在求解多配送中心选址问题时收敛速度快、寻优能力强。

图 7-12 DWCS 求解结果

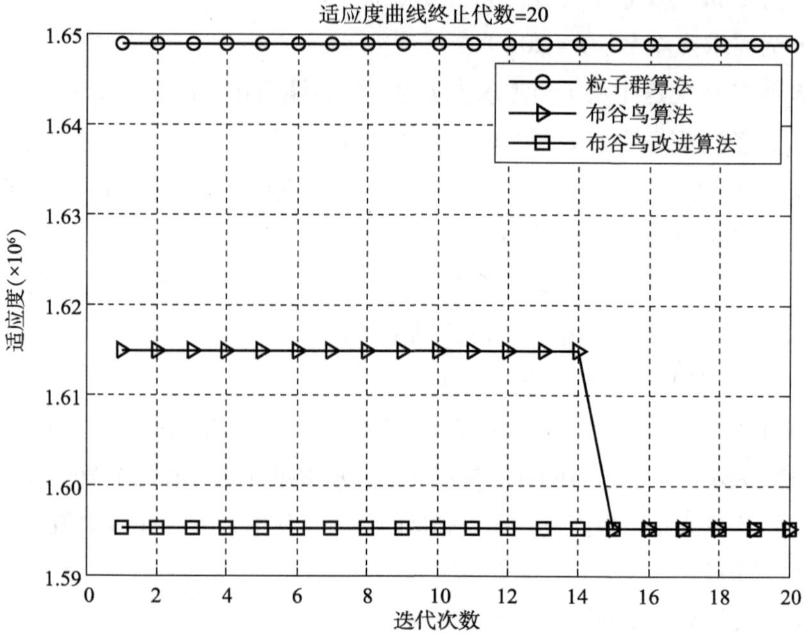

图 7-13　目标函数收敛对比

表 7-8　DWCS 算法求解出的配送方案

配送中心	需求点									
	1	2	3	4	5	6	7	8	9	10
5	0	40	48	34	36	0	40	0	0	0
9	32	0	0	0	0	38	0	40	30	32
15	0	0	0	0	0	0	0	0	0	0
需求量/吨	32	40	48	34	36	38	40	40	30	32
配送中心	需求点									
	11	12	13	14	15	16	17	18	19	20
5	0	36	0	0	0	0	0	0	0	0
9	32	0	58	0	0	0	32	0	0	0
15	0	0	0	80	28	30	0	40	56	60
需求量/吨	32	36	58	80	28	30	32	40	56	60

从表 7-8 可知，建于淮安市的配送中心向连云港市、徐州市、宿迁市、淮安市、镇江市、泰州市供应的货物量分别为 40 吨、48 吨、34 吨、

36 吨、40 吨、36 吨；建于宝应县的配送中心向灌云县、盐城市、扬州市、宝应县、高邮市、东台市、南通市、常熟市供应的货物量分别为 32 吨、38 吨、40 吨、30 吨、32 吨、32 吨、58 吨、32 吨；建于高淳区的配送中心向南京市、高淳区、溧水区、常州市、无锡市、苏州市供应的货物量分别为 80 吨、28 吨、30 吨、40 吨、56 吨、60 吨。

7.3 本章小结

本章采用 DWCS 算法对物流配送中心选址问题进行求解，设计 DWCS 算法求解配送中心选址流程，建立选址模型，进行仿真实验。第一，采用 DWCS 基于精确重心法求解连续型单配送中心选址问题，通过算例一、算例二两个连续单配送中心选址算例来验证 DWCS 算法的性能，并与 CS、ICS、PSO 算法比较。仿真实验结果表明，DWCS 算法在求解算例一、算例二时收敛速度更快、求解的质量更高、鲁棒性更强。第二，采用 DWCS 算法对多配送中心选址问题进行求解，通过算例三、算例四两个多配送中心选址算例来验证 DWCS 算法的性能，并与 CS、PSO、BA 算法进行性能优化比较。仿真实验结果表明，DWCS 算法在求解算例三、算例四时收敛速度更快、稳定性更好。综上所述，改进后的算法在求解物流配送中心选址问题时效果更好，证明了 DWCS 在求解配送中心选址问题上的可行性和有效性。

参考文献

[1] 鲁晓春，詹荷生．关于配送中心重心法选址的研究［J］．北方交通大学学报，2000（6）：108-110.

[2] 邹辉霞，高伟．单配送中心的离散选址模型［J］．科技进步与对策，2004（1）：77-78.

[3] 王朋，王晓强，王明葆．基于重心法的连锁超市物流配送中心选址［J］．电子商务，2015（1）：43-44.

[4] 周涛，王朝立．单配送中心多站点的配送优化模型研究［J］．华东经济管理，2012，26（3）：155-156.

[5] 杨茂盛，李霞．改进重心法在物流配送中心选址中的应用［J］．物流技术，2007（6）：60-62.

[6] 荣海涛，宁宣熙．一种综合性的单一煤炭集配中心选址方法［J］．工业工程，2010，13（3）：111-115.

[7] 邓洪波，王中翊，王林元，等．基于动态规划法与重心法的气田消防中心站选址研究［J］．中国安全生产科学技术，2016，12（8）：99-103.

[8] 杨珺，王玲，郑娜，等．多用途易腐物品配送中心选址问题研究［J］．中国管理科学，2011，19（1）：91-99.

[9] 袁群，左弈．基于改进混合遗传算法的冷链物流配送中心选址优化［J］．上海交通大学学报，2016，50（11）：1795-1800.

[10] 蒋忠中，汪定伟．B2C 电子商务中配送中心选址优化的模型与算法［J］．控制与决策，2005（10）：1125-1128，1136.

[11] 秦固．基于蚁群优化的多物流配送中心选址算法［J］．系统工程理论与实践，2006（4）：120-124.

[12] 关菲，张强．模糊多目标物流配送中心选址模型及其求解算法［J］．中国管理科学，2013，21（S1）：57-62.

［13］张晓楠，范厚明，李剑锋 . B2C 物流配送网络双目标模糊选址模型与算法［J］. 系统工程理论与实践，2015，35（5）：1202-1213.

［14］杨杨 . 物流系统规划与设计［M］. 北京：电子工业出版社，2013：104-130.

重要术语索引